REFLEXOLOGÍA SEXUAL

REFLEXOLOGÍA SEXUAL

ACTIVANDO LOS PUNTOS TAOÍSTAS DEL AMOR

Mantak Chia y W. U. Wei

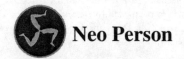

Neo Person

Título original: *Sexual Reflexology: The Tao of Love and Sex*

Traducción: Miguel Iribarren

© 2002, Mantak Chia y William U. Wei
© 2002, North Star Trust

Fotos: Saysunee Yongyod
Ilustraciones: Udon Jandee y Thamakrit Thamboon

Primera edición en castellano: junio de 2003

De la presente edición en castellano:
© Neo Person Ediciones, 2002
   Alquimia, 6
   28933 Móstoles (Madrid) - España
   Tels.: 91 614 53 46 - 91 617 08 67
   E-mail: editorial@alfaomega.es - www.alfaomega.es

Depósito legal: M. 25.312-2003
ISBN: 84-95973-01-4

Impreso en España por: Artes Gráficas COFÁS, S.A.

Maestro Mantak Chia

El maestro Mantak Chia es el creador del sistema del Tao Universal y es director del centro Tao Universal y del centro de salud y formación Tao Garden, situado en las hermosas campiñas del norte de Tailandia. Desde su juventud ha estudiado la visión taoísta de la vida y su maestría de esta antigua ciencia, potenciada por el estudio de otras disciplinas, ha dado como resultado el desarrollo del sistema Tao Universal que actualmente está siendo enseñado en todo el mundo.

Mantak Chia nació en Tailandia, de padres chinos, en 1944. A los seis años de edad, los monjes budistas le enseñaron a sentarse y «aquietar la mente»; siendo aún estudiante de primaria aprendió boxeo tailandés tradicional y, más tarde, el maestro Lu le enseñó tai chi chuan, introduciéndole después al aikido, al yoga y a niveles más elevados del tai chi.

Años después, siendo estudiante en Hong Kong y destacado practicante de atletismo en pista y otras disciplinas deportivas, un compañero de un curso superior le presentó al que sería su primer profesor de esoterismo e instructor taoísta, el maestro Yi Eng (I Yun). En ese momento Mantak Chia empezó a estudiar seriamente el estilo de vida taoísta. Aprendió a hacer circular la energía por la órbita microcósmica y, mediante la fusión de los cinco elementos, también a abrir los otros seis canales especiales. A medida que fue avanzando en la alquimia interna, aprendió la iluminación de Kan y Li, el sellado de los cinco sentidos, el congreso de cielo y tierra y la reunión del cielo y el hombre. Además, el maestro Yi Eng autorizó a Mantak Chia a enseñar y curar.

Con poco más de veinte años, Mantak Chia estudió con el maestro Meugi en Singapur, que le enseñó kundalini yoga, yoga taoísta y la palma de Buda, y pronto fue capaz de despejar los bloqueos energéticos en su propio cuerpo. También aprendió a transmitir la fuerza de vida con las manos para poder curar a los pacientes del maestro Meugi. Después aprendió chi nei tsang del doctor Mui Yimwattana en Tailandia.

Más adelante estudió con el maestro Cheng Yao-Lun, que le enseñó el método shao-lin de poder interno; aprendió los secretos celosamente guardados de los órganos y glándulas, el ejercicio del tuétano de los huesos —conocido como nei kung del tuétano de los huesos— y también el ejercicio llamado fortalecimiento y renovación de los tendones. El sistema del maestro Cheng Yao-Lun combinaba el boxeo tailandés con el kung fu. En esa misma época, el maestro Chia también estudió con el maestro Pan Yu, cuyo sistema combinaba las enseñanzas taoístas, budistas y zen. El maestro Pao Yu le enseñó el intercambio de energía yin y yang entre hombres y mujeres y el desarrollo del cuerpo de acero.

Para entender mejor los mecanismos que están detrás de la energía curativa, el maestro Chia estudió anatomía y medicina occidental durante dos años. Mientras cursaba sus estudios, dirigió la empresa Gestetner, fabricante de mobiliario de oficina, y se familiarizó con la tecnología de la impresión offset y las fotocopiadoras.

Combinando sus conocimientos del taoísmo con otras disciplinas, el maestro Chia empezó a enseñar el sistema del Tao Universal. Finalmente formó a otros instructores para que comunicaran estos conocimientos y fundó su centro de curación natural en Tailandia. Cinco años después decidió trasladarse a Nueva York, donde en 1979 abrió el centro Tao Universal. Durante los años que pasó en América, el maestro Chia continuó con sus estudios del sistema wu de tai chi con Edward Yee.

Desde entonces, el maestro Chia ha enseñado a miles de estudiantes de todos los países del mundo, y ha formado y certificado a más de 1.500 instructores y practicantes de todo el planeta. Se han abierto centros del Tao Universal e institutos Chi Nei Tsang en muchos lugares de América, Europa, Asia y Australia.

En 1994, el maestro Chia volvió a Tailandia y comenzó la construcción de Tao Garden, el centro de formación del Tao Universal, en Chiang Mai.

El maestro Chia es un hombre cálido, amistoso y servicial que se considera a sí mismo un instructor. Presenta el sistema del Tao Universal de una manera clara y directa, y siempre está ampliando sus conocimientos y el modo de transmitirlos. Usa un ordenador portátil para escribir y se siente muy cómodo con lo último de la tecnología informática.

El maestro Chia estima que necesitará 35 libros para transmitir todo el sistema del Tao Universal. En junio de 1990, durante una cena celebrada en San Francisco, el Congreso Internacional de Medicina China y Qi Gong (Chi Kung) honró a Mantak Chia nombrándole maestro Qi Gong del año. Fue el primer galardonado con este premio anual.

En diciembre de 2000 se completó la construcción del centro de formación Tao Universal y del centro de salud Tao Garden, que cuenta con dos salas de meditación, dos pabellones chi kung abiertos, un salón cerrado para tai chi, una sala de tao yin y chi nei tsang, una piscina natural tai chi, el centro de comunicaciones pakua con una completa biblioteca taoísta, una sala de levantamiento de pesas y ocho campos recreativos completos.

En febrero de 2002 se celebraron por primera vez las prácticas del Tao inmortal, en Tao Garden, usando tecnología de cámara oscura para las prácticas taoístas avanzadas.

El maestro Chia ha escrito y publicado los siguientes libros del Tao Universal:

Despierta le energía curativa a través del Tao, Equipo Difusor del Libro, *Madrid,* 2000.

Secretos taoístas del amor, en colaboración con Michael Winn, Editorial Mirach, Madrid, 1991.

Taoist Ways to Transform Stress into Vitality, 1985.

Chi Self-Massage: the Tao of Rejuvenation, 1986.

Iron Shirt Chi Kung I, 1986.

Amor curativo a través del Tao, Editorial Mirach, Madrid, 1990.

Bone Marrow Nei Kung, 1989.

Fusion of the Five Elements I, 1990.

Chi Nei Tsang: Técnicas de masaje chi para órganos interno, Editorial Mirach, Madrid.

Despierta la luz curativa del Tao (video), Ediciones Neo Person, 1999.

The Inner Structure of Tai Chi, en colaboración con Juan Li, 1996.

El hombre multiorgásmico, en colaboración con Douglas Abrams, 1999, Ediciones Neo Person.

Tao Yin, 1999.

Chi Nei Tsang II, 2000.

La pareja multiorgásmica, en colaboración con Douglas Abrams, 2001, Ediciones Neo Person.

Cosmic Healing I, 2001.

Cosmic Healing II, en colaboración con Dirk Oellibrandt, 2001.

Door of All Wonders, en colaboración con Tao Haung, 2001.

Elixir Chi Kung, Ediciones Neo Person, 2003.

Tan Tien Chi Kung, Ediciones Neo Person, 2003.

Muchos de estos libros están traducidos a los idiomas siguientes: árabe, búlgaro, checo, danés, holandés, inglés, francés, alemán, griego, hebreo, húngaro, indonesio, italiano, japonés, coreano, lituano, malasio, polaco, portugués, rumano, ruso, serbocroata, esloveno, español y turco.

William U. Wei

Nació después de la Primera Guerra Mundial, creció en el medio oeste de Estados Unidos y fue educado en un entorno católico. Comenzó a estudiar el Tao, bajo la dirección del maestro Chia, a principios de la década de los ochenta y algún tiempo después se hizo instructor del Tao Universal (especializado en formación personalizada). A principios de los años noventa este experimentado instructor se trasladó a Tailandia y ayudó a Mantak Chia a construir el centro de formación taoísta Tao Garden. Durante seis años viajó por más de treinta países enseñando con Mantak Chia y haciendo las labores de coordinador general de comercialización y construcción del centro Tao Garden. Acabada la construcción del Tao Garden en diciembre de 2000, pasó a ser director de proyectos (en invierno) de todas las publicaciones y productos del Tao Universal (coordinando la edición de 35 nuevos títulos). Tras la compra de un terreno de montaña con cuatro grandes cascadas de agua en el sur de Oregón (Estados Unidos) a finales de los noventa, William está completando actualmente la construcción de un santuario taoísta para el cultivo personal y las prácticas de nivel superior. Es autor de *Living in the Tao,* libro dedicado a la gente que no sabe qué hacer sobre lo desconocido; de los libros de poesía taoísta *Angel's Heart, Earth's Soul* y *Mountain Stillness,* que expresan el sentimiento, la esencia y la quietud del Tao, y es cocreador de las cartas-fórmula del Tao Universal o «cartas chi» (cuatro juegos con más de 140 fórmulas), junto con Mantak Chia, bajo el nombre literario de «El profesor-maestro de la Nada». William planea y trabaja en la publicación de doce libros más, tanto de poesía como de prosa, y tiene intención de completar su serie taoísta en el año 2010.

Los miembros del departamento de publicaciones del Tao Universal que hemos participado en la preparación y producción de *Reflexología sexual: Activando los puntos taoístas del amor,* queremos extender nuestra gratitud a las numerosas generaciones de maestros taoístas que han transmitido sus enseñanzas oralmente, y de forma ininterrumpida, a lo largo de miles de años. Queremos agradecer al maestro taoísta I Yun (Yi Eng) por su apertura en la transmisión de las fórmulas de la alquimia interior taoísta.

Gracias a Juan Li por sus hermosos y visionarios dibujos que ilustran las prácticas esotéricas taoístas.

Ofrecemos nuestra eterna gratitud a nuestros padres y profesores por sus numerosos regalos. Su recuerdo aporta alegría y satisfacción a nuestros continuos esfuerzos por presentar el sistema del Tao Universal. Como siempre, su contribución ha sido crucial para presentar los conceptos y técnicas del Tao Universal.

Queremos dar las gracias a los miles de hombres y mujeres desconocidos dedicados a las artes curativas chinas que han desarrollado los métodos e ideas que presentamos en este libro.

Queremos agradecer de manera especial a Lee Holden por sus contribuciones y escritos. Apreciamos mucho sus investigaciones y su enorme dedicación. Deseamos dar las gracias a Mamo por las ilustraciones y la maquetación. Damos las gracias a Karen Holden y Lisa Yamamoto por ayudar a preparar, corregir y leer el manuscrito. También queremos dar las gracias a Colin Campbell por sus contribuciones a la edición revisada de este libro.

Vaya también nuestro agradecimiento especial a nuestro *equipo de producción en Tailandia* por el diseño y maquetación del libro: Raruen Keawpadung, diseño gráfico por ordenador; Saysunee Yongyod, fotógrafa; Udon Jandee, ilustrador, y Saniem Chaisarn, diseñador.

Las prácticas descritas en este libro han sido usadas con éxito durante miles de años por taoístas entrenados mediante instrucción personalizada. El lector no debería emprender las prácticas de estas técnicas sin recibir transmisión personal y formación de un instructor certificado del Tao Universal, ya que algunas de estas prácticas, si se realizan inadecuadamente, podrían causar lesiones o producir problemas de salud. Este libro está pensado para complementar la formación individual en el Tao Universal y servir como guía de referencia para sus prácticas. Quien emprenda las prácticas que aquí se exponen basándose únicamente en la lectura de este libro debe saber que lo hace por su cuenta y riesgo.

Las meditaciones, prácticas y técnicas aquí descritas *no* están destinadas a usarse como alternativa o sustituto del tratamiento médico profesional. Si algún lector sufre enfermedades basadas en desórdenes mentales o emocionales, debe consultar a un terapeuta profesional debidamente cualificado. Este tipo de problemas deben corregirse antes de comenzar la formación.

Ni el centro Tao Universal ni su personal e instructores pueden considerarse responsables de las consecuencias producidas por la aplicación o el uso erróneo de la información contenida en esta obra. Si el lector emprende cualquier práctica sin seguir las instrucciones, notas y advertencias estrictamente, la responsabilidad le corresponderá exclusivamente a él.

Este libro no trata de ofrecer diagnósticos médicos, tratamientos, recetas o recomendaciones respecto a ninguna enfermedad, dolencia, afección o estado físico humano.

Cuando la mayoría de la gente oye el término *reflexología,* piensan en el masaje de pies. En Occidente es habitual ver dibujos como los que se muestran a continuación, que indican las partes del cuerpo reflejadas en cada zona del pie.

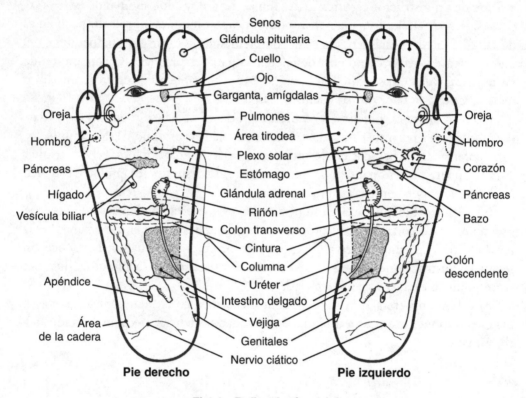

Fig. 1. *Reflexología podal.*

La razón por la que este tipo de dibujos tienen sentido es que el cuerpo humano comienza con una sola célula que contiene el modelo de la totalidad del cuerpo. Durante su proceso de crecimiento, los meridianos de energía recorren el cuerpo y, basándose en ese modelo original, las partes fundamentales del mismo quedan representadas una y otra vez. De manera muy parecida a un holograma, una imagen tridimensional en la que cada sección contiene la totalidad, cada parte del cuerpo contiene un mapa de la totalidad del mismo. Estos mapas energéticos se usan regularmente en la medicina oriental y están empezando a ser aceptados en Occidente.

Además de los mapas de los pies, algunos de los mapas energéticos más comunes son los de las manos, los ojos, el rostro, la oreja, la lengua, las muñecas y el abdomen. Seguidamente se muestran imágenes de estos mapas de puntos reflejos:

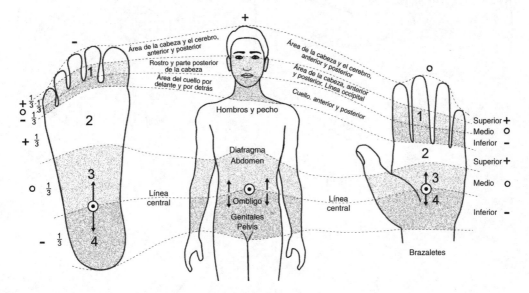

Fig. 2. *Reflexología podal y manual.*

La reflexología se basa en la premisa de que nuestros órganos tienen puntos reflejos en otras partes del cuerpo. Los puntos de correspondencia pueden encontrarse dividiendo el cuerpo en zonas diferentes. Los órganos de una zona particular pueden ser estimulados trabajando el punto reflejo correspondiente. Los meridianos usados en la medicina oriental tradicional, en acupuntura y en shiatsu también son mapas de las rutas energéticas corporales.

Los taoístas entendieron hace mucho tiempo las correspondencias energéticas existentes en las diversas partes del cuerpo y las han usado en las artes curativas taoístas. Además de los reflejos que ya hemos mencionado, la literatura taoísta incluye los reflejos de los órganos sexuales masculinos y femeninos. Estas zonas de reflexología masculinas y femeninas forman la base del presente libro. Así como un libro de reflexología podal se dedica a describir los métodos de masajear los puntos reflejos del pie, la reflexología sexual muestra el uso y aplicación de los puntos reflejos sexuales durante el coito. Esta comprensión puede ayudar a parejas e individuos a practicar el acto sexual como un acto sanador.

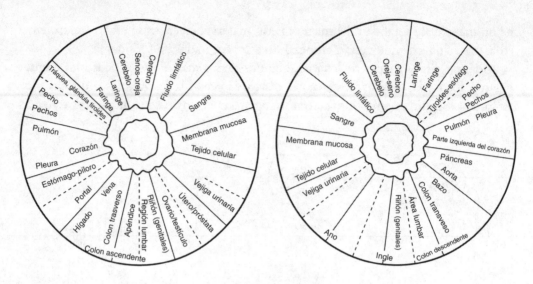

Fig. 3. *Reflexología ocular.*

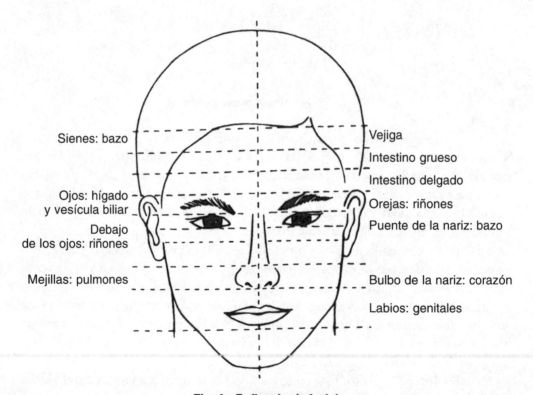

Fig. 4. *Reflexología facial.*

De este modo, el coito sexual se convierte en una forma de acupresión extática. Los puntos reflejos más poderosos del cuerpo son los órganos sexuales. La totalidad del cuerpo abastece de energía a los órganos sexuales, y todo el cuerpo (órganos y glándulas) es estimulado cuando se estimulan estos órganos. Por sus propiedades profundamente curativas, los taoístas llaman al coito sexual «amor curativo».

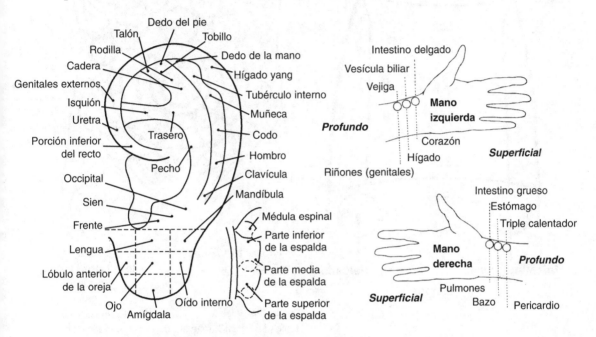

Fig. 5. *Reflexología de la oreja y de la muñeca.*

La reflexología sexual también incluye un capítulo de «ejercicios sexuales» taoístas que mejoran la energía y la función sexual, y también la función de los órganos y sentidos reflejados, pudiendo mejorar igualmente la vida amorosa. Además, la reflexología sexual puede ayudar a determinar el grado de compatibilidad entre los miembros de una pareja en función de las características físicas de ambos.

Como para entender la energía sexual debemos tener una idea de cómo circula la energía en el cuerpo, se han incluido las meditaciones taoístas, como la órbita microcósmica, la sonrisa interna y los seis sonidos sanadores, que constituyen un material básico fundamental. Estas prácticas taoístas han sido tratadas detalladamente en obras anteriores del maestro Mantak Chia.

La *Reflexología sexual* es un libro de fundamental importancia que combina los textos clásicos taoístas sobre sexualidad con la moderna teoría de la reflexología. Resultará útil a cualquier individuo o pareja que desee mejorar su entendimiento

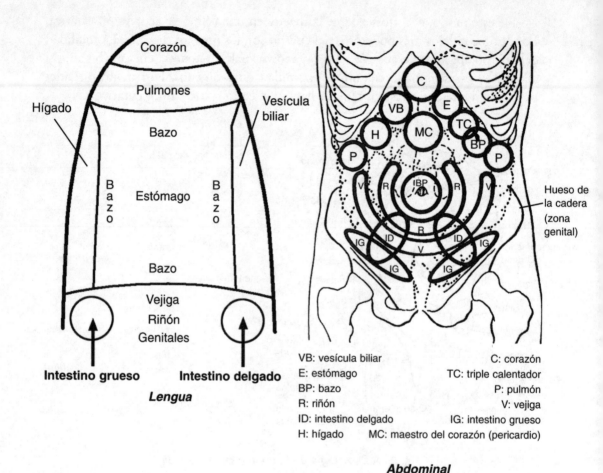

Corazón

Pulmones

Bazo

Hígado

Vesícula biliar

B a z o

Estómago

B a z o

Bazo

Vejiga

Riñón

Genitales

Intestino grueso   **Intestino delgado**

Lengua

VB: vesícula biliar   C: corazón
E: estómago   TC: triple calentador
BP: bazo   P: pulmón
R: riñón   V: vejiga
ID: intestino delgado   IG: intestino grueso
H: hígado   MC: maestro del corazón (pericardio)

Abdominal

Fig. 6. *Reflexología de la lengua y abdominal.*

de la energía sexual y quiera aprender a cultivar esa energía para su salud y bienestar. Es una gran adición a las anteriores obras del maestro Chia sobre la energía sexual masculina y femenina, y ha sido acogido con agrado por todos los estudiantes del Tao Universal.

JIM WOLFE,
enero de 2002
(estudiante del Tao Universal)

Introducción

Cuando está mal dirigido, el impulso sexual puede ser tan fuerte y apremiante que las personas arriesgan todo lo que tienen, incluso su reputación y libertad, para expresarlo. Cuando esta fuerza es trasladada y dirigida de manera positiva, puede ser usada como una intensa fuerza creativa en cualquier labor o actividad que se realice, tanto en el campo artístico como en la carrera profesional, en una relación amorosa, o bien para desarrollar una personalidad fuerte, irresistible y magnética.

El ser humano es el único animal que tiene la capacidad de dirigir su energía sexual donde desee por medio de su imaginación. La única cuestión que cabe preguntar es: ¿cómo va a ser dirigida? Algunos eligen usar esta energía de manera abusiva y negativa; otros, simplemente, la desperdician indiscriminadamente excediéndose en su uso. Lo que queremos sugerir es que hay muchos modos de expresar esta energía, tanto positiva como negativamente. Con la guía adecuada, la energía sexual puede ser un rico tesoro que nos dé pasión, alegría y felicidad. Puede ser una herramienta para generar y mantener una salud y vitalidad óptimas, transformando una vida mediocre en la de un genio, cambiando una vida llena de tensión e infelicidad por otra llena de éxito y realización. Sencillamente, la energía sexual es así de poderosa.

Hay una gran variedad de estímulos que pueden activar e incrementar las vibraciones mentales. La mente responde fácilmente al amor, a las amistades profundas y a la música, como también responde al miedo, a los celos, a las drogas, al alcohol y similares. Pero el estímulo más intenso es el deseo de expresar la energía sexual. Cuando se combina con el amor, es la energía más poderosa de todas, y sólo es virtuosa en la medida en que se usa con discriminación y sabiduría, con comprensión y compasión. Esta comprensión viene acompañada por la responsabilidad de usar la energía extra que hemos obtenido de una manera amorosa y positiva. Éste es el único modo de vivir una vida rica y plena.

Nada es más importante que las relaciones. El objetivo de la práctica taoísta es establecer relaciones armoniosas en todos los aspectos de la vida. El universo, la naturaleza y el mundo en que vivimos operan a través de las relaciones, de las conexiones y del intercambio social. El establecimiento de relaciones armoniosas y equilibradas

Yin y yang: femenino y masculino.

es el proceso del Tao; es el equilibrio de todos los opuestos aparentes: masculino y femenino, luz y oscuridad, descanso y actividad, electricidad y magnetismo.

El símbolo taoísta yin y yang es una representación de este equilibrio y armonía. Las energías masculinas y femeninas de la naturaleza siempre se mueven hacia el equilibrio. Los taoístas observaron que la naturaleza es interactiva y está llena de energía sexual, creativa y vivificante. La lluvia penetra en la tierra, haciendo brotar árboles y flores; los ríos acarician las rocas, el mar se abalanza sobre la arena y el sol es absorbido en el útero terrenal que da alumbramiento a todo tipo de vida. La energía sexual es la fuerza creativa que interpenetra el universo. La vida surge cuando equilibramos las energías masculinas y femeninas combinando el yin y el yang. Estos mismos principios son aplicables a las relaciones humanas. La reflexología sexual consiste en descubrir el equilibrio y la armonía dentro de nosotros y en nuestras relaciones.

Ejercicios y meditaciones preliminares

La práctica taoísta tiene como objetivo alinearnos con la estructura del universo. El primer paso para conectar con el universo es establecer una relación armoniosa con nosotros mismos. Éste es el objetivo del Tao Universal. La armonización de nuestras partes aparentemente separadas —emociones, pensamientos, cuerpo físico y aspiraciones espirituales— se consigue mediante una variedad de técnicas taoístas.

Los taoístas llegan a conocerse a sí mismos a través del viaje meditativo interno. El Tao Universal es un método de autodesarrollo y cultivo espiritual. Los ejercicios y

Sonrisa interna.

Sonido de pulmón.

Sonidos sanadores: triple calentador.

meditaciones preliminares desarrollan la fuerza y la armonía internas, que son requisitos imprescindibles para mantener una relación satisfactoria con otra persona.

Sonrisa interna y seis sonidos sanadores

La sonrisa interna y los seis sonidos sanadores son dos técnicas de meditación que complementan la órbita microcósmica. La sonrisa interna y los seis sonidos sanadores están destinados a equilibrar la calidad de nuestra energía interna, transformando la energía negativa e improductiva en energía útil y positiva. La sonrisa interna y los seis sonidos sanadores relajan la mente y liberan tensión emocional.

Comunicamos con nuestros órganos a través de la sonrisa interna y de los seis sonidos sanadores: es un proceso de conexión con el universo en el que dirigimos energía amorosa y positiva a nuestros órganos corporales. Estas meditaciones son una manera sencilla de armonizar y equilibrar la energía de los órganos vitales. La sonrisa interna es una práctica mágica de autodesarrollo: sonreír hacia dentro de nosotros mismos es un modo de mostrar aprecio por todo el trabajo que el cuerpo realiza para nosotros. Cuando sonríes hacia dentro, el cuerpo comienza a funcionar más eficientemente.

En las prácticas taoístas se reconoce que los órganos son depósitos de energía e información, lugares donde el chi puede ser procesado, almacenado y enviado a la totalidad del cuerpo. Los taoístas creen que la conciencia no se almacena únicamente en el cerebro, sino que también se acumula en los órganos vitales. Con la sonrisa interna y los seis sonidos sanadores comienza el proceso de escucha del cuerpo y de desarrollo de la sensibilidad interna. Estos ejercicios son un modo de desarrollar la unidad y la totalidad dentro de uno mismo

Órbita microcósmica

El primer paso en el trabajo con la energía interna es la meditación de la órbita microcósmica. Esta meditación nos entrena a sentir, dirigir y cultivar la energía. Esta técnica es esencial para todas las demás prácticas del Tao Universal. La órbita microcósmica es el principal circuito energético que nutre todos los canales y meridianos corporales. La circulación de energía dentro de ese canal elimina los bloqueos y activa una mayor cantidad de chi para revitalizar el cuerpo. Esta práctica nos enseña a reconocer la sensación que produce el chi cuando movemos energía por los meridianos gobernador (que recorre la espalda) y el funcional o de la con-

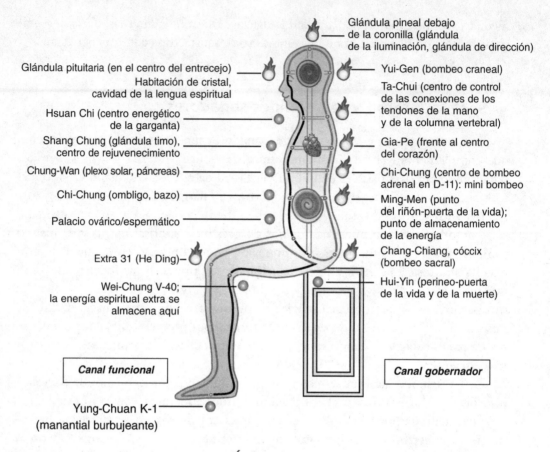

Glándula pineal debajo de la coronilla (glándula de la iluminación, glándula de dirección)

Glándula pituitaria (en el centro del entrecejo)
Habitación de cristal, cavidad de la lengua espiritual

Hsuan Chi (centro energético de la garganta)

Shang Chung (glándula timo), centro de rejuvenecimiento

Chung-Wan (plexo solar, páncreas)

Chi-Chung (ombligo, bazo)

Palacio ovárico/espermático

Extra 31 (He Ding)

Wei-Chung V-40; la energía espiritual extra se almacena aquí

Yui-Gen (bombeo craneal)

Ta-Chui (centro de control de las conexiones de los tendones de la mano y de la columna vertebral)

Gia-Pe (frente al centro del corazón)

Chi-Chung (centro de bombeo adrenal en D-11): mini bombeo

Ming-Men (punto del riñón-puerta de la vida); punto de almacenamiento de la energía

Chang-Chiang, cóccix (bombeo sacral)

Hui-Yin (perineo-puerta de la vida y de la muerte)

Canal funcional

Canal gobernador

Yung-Chuan K-1 (manantial burbujeante)

Órbita cósmica.

cepción (que desciende por la parte anterior del cuerpo). La órbita microcósmica incrementa drásticamente nuestra cantidad de energía interna.

Amor curativo en pareja

La práctica del amor curativo del Tao Universal consiste en cultivar la energía sexual. La reflexología sexual es parte integrante de la práctica del amor curativo. El amor curativo hace uso de la energía sexual para potenciar la salud corporal, mental y espiritual. Existen prácticas para los cultivos solitario (con uno mismo) y dual (con un companero o companera). En este libro comentaremos una serie de prácticas del amor curativo que aportarán salud y vitalidad a tu vida y a tus relaciones.

Acupresión extática.

Nota especial para las lectoras

Por favor, cuando leas este libro, sé consciente de dos cosas:

1. Las prácticas descritas se originaron en una sociedad muy diferente de la mayoría de la actualidad. En la sociedad china, el dominio masculino era abrumador; los hombres tenían el poder político, civil y económico, mientras las mujeres apenas tenían oportunidad de actuar y existir independientemente.
2. Este libro está escrito por dos autores varones y, por tanto, puede parecer que ellos describen la sexualidad desde el punto de vista masculino.
    No obstante, antes de prejuzgar los contenidos, observa lo misteriosa que es la naturaleza femenina (yin) a los ojos de los hombres. *Este libro ha sido escrito con la genuina intención de ayudar a los lectores a aclarar algunos de los errores que esta misteriosa naturaleza femenina puede causar en las relaciones y de ayudar a las parejas a alcanzar una comprensión más honda de sus respectivas necesidades físicas y espirituales.*

CAPÍTULO 1

Energía masculina y femenina

Sus cejas son como un ramo de flores; su cintura es como un rollo de seda. Con tierna pasión, ella se estira furtivamente mientras dirige una mirada esquiva hacia su propio cuerpo. Ellos empiezan dándose palmadas, amasándose sus cuerpos encorvados y acariciándose de la cabeza a los pies.

Po Hsing-Chien (ensayo erótico del siglo IX)

Es muy importante entender la diferencia entre las energías sexuales masculina (yang) y femenina (yin). Los taoístas entendieron que tanto el hombre como la mujer están destinados a equilibrarse, como las dos mitades opuestas de un todo universal. Esto significa que tenemos que respetar nuestras diferencias y entender que es natural ser diferentes y sentir de manera diferente. Cuando no se tiene en cuenta este hecho, hombres y mujeres tienden a estar en desacuerdo, y muchas de las peleas entre las parejas se producen porque esperamos que el otro sea como nosotros. Mucha gente se queja de que su compañero o compañera no ve o no hace las cosas como él o ella. Es importante no luchar ni enfrentarnos por nuestras diferencias, sino hacer que operen a nuestro favor, creando equilibrio y armonía. Si lo olvidamos, es fácil sentirnos molestos y frustrados con el sexo opuesto; sin embargo, cuando respetamos esta diferencia, el amor florece como un jardín bien cuidado. La reflexología sexual está destinada a armonizar estas diferencias entre lo masculino y lo femenino a nivel energético.

En el aspecto sexual, los hombres son como fuego, que se calienta y explota rápidamente; las mujeres, por su parte, son como agua, que tarda más en calentarse pero permanece caliente durante más tiempo. Por esta razón, los hombres taoístas usan una variedad de técnicas para satisfacer sexualmente a las mujeres. Las mujeres necesitan juegos preliminares, necesitan ser acariciadas con ternura y abrazadas con pasión. De este modo el agua, la energía sexual femenina, hervirá y podrá producirse el intercambio energético. El dicho taoísta «Nunca navegues por un río rocoso» significa que la mujer necesita ser excitada y lubricada antes del coito sexual.

Cultivando la energía sexual, los hombres aprenden a controlar la eyaculación y a alcanzar el orgasmo en la totalidad del cuerpo, no sólo en los genitales. Aprendiendo a transformar el esperma en chi, los hombres pueden convertirse en mejores amantes, más vibrantes y juveniles, y activar la energía compasiva del corazón; para las mujeres, el cultivo de la energía sexual es un modo de transformar la sangre en chi. La transformación de la energía sexual está relacionada directamente con el ciclo menstrual. Mediante los ejercicios taoístas, esta transformación produce abundante energía, equilibrio emocional y poder interno. Para una descripción detallada de estas técnicas, véanse mis anteriores libros *El hombre multiorgásmico* y *Cultivating Female Sexual Energy.*

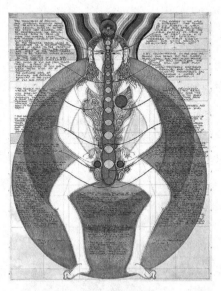

Fig. 1.1. *Las mujeres transforman la sangre en chi.*

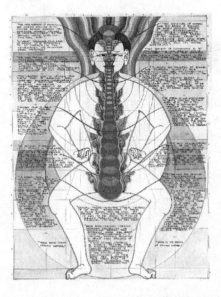

Fig. 1.2. *Los hombres transforman el semen en chi.*

Emocionalmente, las mujeres son como fuego y los hombres, como agua. A las mujeres les resulta muy fácil expresar sus emociones, excitarse, llorar y sentir. Para los hombres, estar en contacto con el centro corazón es más complicado. Así es como hombres y mujeres se equilibran emocional y sexualmente. Las mujeres abren y calientan el centro emocional o centro corazón de los hombres, y los hombres ayudan a abrir o a llevar fuego al centro sexual de las mujeres. El objetivo de la práctica taoísta es crear un intercambio energético fluido y armonioso.

Esto se revela físicamente en el hecho de que los hombres proyectan desde el centro sexual (el pene) y las mujeres proyectan desde el centro corazón (los pechos). La proyección tienen una cualidad yang, su energía tiene una cualidad fogosa. Esto demuestra que las mujeres son yang emocionalmente y los hombres son yang sexualmente. Los rasgos físicos revelan la naturaleza energética y emocional de hombres y mujeres.

Fig. 1.3. *Fusión de las dos órbitas microcósmicas y de los centros sexual y corazón.*

Yin y yang

«Los campos energéticos del hombre y de la mujer son como el tractor (yang) y el lago (yin). Estamos hablando de su naturaleza polar. Cuando el hombre está caliente, la mujer está fría; cuando la mujer está caliente, el hombre está frío, de modo que ambos tienen un verdadero problema de comunicación. Cuando estás muy caliente, la persona con la que estás intentando comunicarte está fría. A nivel molecular, hombres y mujeres tienen tipos de energía distintos. La interacción resulta muy difícil a menos que comprendas claramente tu propio campo energético y cómo interactúa con la gente que te rodea, especialmente con el campo energético del género opuesto. Esta comprensión permite abrir la comunicación, que es la clave de cualquier relación.

El tractor y el lago ejemplifican lo que quiero decir cuando indico esta diferencia. Cuando conduces un tractor hasta la orilla de un lago, te quedas atascado. ¿Y qué ocurre si el tractor trata de luchar con el lago? Se hunde todavía más. ¿Quién es más fuerte, el tractor o el lago? Obviamente, el lago es más fuerte. No sólo tiene su propia energía, sino que también absorbe la energía que ejerce el tractor. Ahora bien, el tractor es energía activa y el lago es energía pasiva (el lago es la energía yin o femenina y el tractor es la energía yang o masculina). De modo que la mujer es muy superior al hombre en todos los aspectos: físico, emocional, psicológico y espiritual. Físicamente, desde la cintura hacia abajo, la mujer es muy superior al hombre: la mujer puede trabajar más que el hombre, vive más tiempo y es más fuerte. En resistencia al dolor y a los esfuerzos físicos, la mujer supera ampliamente al hombre: su cuerpo es estructuralmente muy superior al cuerpo masculino. Emocionalmente tiene una mayor variedad de sentimientos y la capacidad de su centro emocional es mayor.

Psicológicamente se sintoniza con su yo interno mediante la telepatía y la clarividencia. Una mujer es más apta que el hombre para hacer este tipo de conexiones sutiles debido a su estructura física. La mujer está más sintonizada espiritualmente que el hombre por la conexión interna que mantiene consigo misma, por su comprensión y conexión con la naturaleza y con la energía de la tierra.

El mensaje clave de «el tractor y el lago» es la capacidad que tiene el lago de ceder al tractor; y el camino del Tao es ceder, porque el Tao es femenino. Esto se repite en todos los aspectos. Cada vez que quieres superar algo, cedes a su energía y la usas para tu provecho y beneficio.

Cuando nacen, los niños de ambos géneros tienen que orinar. El niño tiene todo su órgano a la vista y puede inspeccionarlo; mientras orina, puede ver el aparato de que dispone. Su punto de vista en la vida es externo porque se enfoca hacia lo externo. Pero cuando la niña pequeña orina, trata de buscar de dónde le viene. Tiene que mirar dentro de sí porque allí abajo no puede ver nada. La niña siente curiosidad por lo que tiene en su interior. Después de orinar muchas veces y de preguntarse repetidamente por el asunto, empieza a mirar y a sentir lo que tiene en su interior.

El hombre va por la vida mirando todas las cosas desde fuera. Todo está a la vista. Él asume el control de sus genitales y se convierte en su maestro; los entiende y entra en contacto con ellos. La mujer, por otra parte, no entra en contacto con sus genitales porque no están a la vista; están dentro de su cuerpo. Y como están dentro, eso le lleva a mirar en su interior. A medida que madura y llega a la adolescencia, sus pechos empiezan a formarse y ella empieza a entrar en contacto con la zona del corazón, el centro de las emociones y de los sentimientos. La estructura física afecta a la perspectiva que ambos géneros tienen de la vida: cómo la mujer se interioriza, personaliza o se toma las cosas de manera personal; cómo el hombre exterioriza, tiende a generalizar o habla de generalidades. Estas actitudes generales tienen un profundo impacto en sus respectivas maneras de vivir la vida y de comunicarse, lo que a menudo produce diferencias y confusión.

El hombre no suele tocarse la zona del pecho. Nunca entra en contacto con su centro corazón, es decir, nunca entra en contacto con sus sentimientos y emociones.

Fig. 1.4. *La energía fogosa del hombre calienta los óvulos de la mujer.*

La mujer se convierte en la maestra de las emociones y el hombre se convierte en maestro de la energía sexual, la energía del riñón. Pero ambos pueden ayudarse mutuamente. Un ejemplo de ello es lo que yo llamo «el proceso de hervir los huevos».

Colocas dos huevos en un cazo con agua caliente y lo pones a hervir. El hombre puede tener una erección o encender el fuego con toda facilidad, pero la mujer necesita un rato para calentarse, del mismo modo que los huevos necesitan un rato para hervir. Ella necesita más juegos preliminares, necesita ser acariciada, necesita calentar los huevos. Los huevos (óvulos) de su cuerpo, su energía del riñón, tiene que ser activada lentamente y llevada al punto de ebullición. Generalmente, la energía sexual del hombre puede encenderse y apagarse rápidamente. Pero cuando el hombre entiende cómo funciona la energía de la mujer y aprende muchas técnicas del Tao Universal (como la técnica de la penetración superficial), él mantendrá su fuego a una temperatura menor para que ella pueda alcanzar el clímax, para que los huevos puedan hervir. Cuando los huevos empiezan a hervir, la mujer alcanza el orgasmo, pero a continuación también necesita relajarse lentamente. Por eso a las mujeres les gustan mucho las caricias, los abrazos y estar con su compañero muchas horas después del coito genital, mientras los huevos se van enfriando.

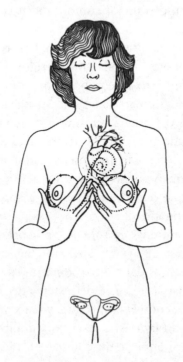

Fig. 1.5. *Calentar el caldero en el centro corazón.*

Lo más divertido de esta situación es que la energía del corazón necesita exactamente lo mismo, pero a la inversa. La mujer puede encender y apagar sus emociones con tanta rapidez como el hombre enciende y apaga su energía del riñón (sexual). La mujer tiene mucha experiencia en el trabajo con sus sentimientos en el centro corazón. Ella puede ayudar al hombre a entrar en contacto con sus sentimientos y su centro corazón. Para ello tiene que acariciarle con juegos emocionales preliminares, abriendo y nutriendo al hombre para que él pueda entrar en contacto con sus sentimientos. Muchas veces, una vez que el hombre entra en contacto con sus sentimientos, también necesita enfriarse lentamente (lo mismo que le ocurre a la mujer con su energía del riñón) para ir refrescando el corazón y mantener el contacto con él. De modo que ambos géneros, cuando entienden sus campos energéticos y cómo interactúan, pueden desarrollar un estado de armonía ayudándose mutuamente.

La clave de la interacción entre géneros es la comunicación, y esto significa conectar con la energía del corazón. En realidad, los taoístas no consideran el sexo y el uso de la energía sexual desde el punto de vista moral; se trata, más bien, de un asunto de salud. Cuando empiezas a entender tu energía, de qué está compuesta y para qué sirve, entiendes mucho mejor cómo trabajar con ella y cómo interactuar con todos los que te rodean, especialmente con las personas del otro género. El mejor modo de explicarlo es el cultivo dual. Las prácticas taoístas se prestan mucho a la relación monógama, que es similar a los partidos de dobles en el deporte del tenis. Cuentas con un compañero de equipo y aprendes su forma de jugar e interactuar. Hacen falta muchos años para tener una buena sintonía y una comprensión precisa de los movimientos del otro. Lo mismo ocurre en la interacción taoísta de las energías sexuales. Cuando practicas el cultivo dual con un compañero, hacen falta muchos años para perfeccionar una buena armonía. Y del mismo modo que no quieres cambiar de compañero en el juego del tenis, tampoco querrás cambiar de compañero sexual porque tendrías que volver a aprender todas las técnicas y movimientos del nuevo compañero.

Del mismo modo que entrenas en solitario, practicando el servicio o cualquier otro golpe individualmente para ayudar a tu compañero en el partido de dobles, empiezas a practicar los aspectos del cultivo solitario para prepararte para el cultivo dual. Tienes que perfeccionar las técnicas del sistema del Tao Universal con la respiración ovárica y testicular, la compresión genital y la técnica de la gran absorción. A medida que vayas trabajando con estas técnicas, equilibrarás tu energía interna a nivel químico y en el futuro atraerás un compañero más equilibrado. Debes concentrarte en trabajar fundamentalmente con la energía del corazón para equilibrarte internamente con amor, compasión y paciencia, sintiéndote en paz y armonía contigo mismo. La clave es la comunicación, porque la lengua está conectada con el corazón. Tienes que explicar lo que sientes, quién eres y dónde quieres ir. Mediante esta comunicación abierta y honesta descubrirás si la otra persona y tú sois compatibles y si compartís la intención de ayudaros en vuestro camino espiritual.

Fig. 1.6. *Wu Chi (unidad) en ying/yang (dualidad).*

Los taoístas dicen: «El sexo es como un picor. Te sientes bien cuando te rascas, pero te sientes mejor cuando no sientes picor.» Cuando alcances este grado de equilibrio, empezarás a atraer a una persona que podrá ser tu ayudante espiritual y tu compañero en la vida.

La clave para entender las prácticas sexuales taoístas es la sopa de pollo. Para hacer sopa de pollo, pones agua y carne de pollo a hervir en una cazuela; después de dos horas retiras la carne y tienes el caldo. Hecho esto, ¿qué prefieres comer, el pollo o el caldo? Preferirás el caldo porque contiene toda la esencia del pollo. Lo mismo ocurre con las prácticas sexuales; el pollo son tus genitales y el caldo es tu esencia sexual. Cuando cueces (respiración testicular y ovárica y prácticas de la gran absorción) el pollo (genitales) y extraes el caldo (esencia) elevándolo por la columna al cerebro, tienes un orgasmo cerebral en lugar de un orgasmo genital. Ahora bien, como el cerebro está conectado con todas las partes de tu cuerpo, tendrás un orgasmo en todo el cuerpo. ¿Y qué prefieres tener, un orgasmo de pollo (genital) o un orgasmo de caldo (esencia)? Piénsalo; piensa en el pollo y en el caldo.

Este proceso puede seguir desarrollándose mediante las prácticas de cultivo dual del Tao Universal, mirándose mutuamente a los ojos e intercambiando la energía curativa cósmica como imanes.

Hay un hecho muy importante de la interacción entre géneros que tienes que entender. Cuando el hombre está excitado sexualmente, está muy caliente (como un fuego ardiente), pero cuando una mujer se excita sexualmente está fría como el hielo (un fuego sin llama). Cuando el hombre no está excitado sexualmente, está fresco (relajado), pero cuando la mujer no está excitada sexualmente, es cálida (acogedora). Son opuestos. Los hombres entienden la sensación caliente y excitada con mucha facilidad; las mujeres sienten una sensación caliente, pero es otro tipo de calor, parecido a la sensación de quemazón que produce un cubo de hielo sobre la piel, que entumece ésta y deja a la mujer con una sensación de no poder hacer nada. Por eso la mujer es muy vulnerable en el estado de excitación: pierde el control de sí misma; asimismo, el hombre pierde el control de sí mismo cuando abre su centro corazón.

La diferencia básica entre géneros se manifiesta en todos los niveles de conciencia. Por eso a hombres y mujeres les parece tan difícil entenderse mutuamente. No piensan de la misma manera; el hombre piensa con lógica y la mujer piensa con el sentimiento. Los hombres piensan metódicamente; uno y uno son dos, no once. Son estructurados y previsibles, y acaban convirtiéndose en esclavos de su propia mente. En realidad son las mujeres las que piensan correctamente, dejándose dirigir por el corazón y los sentimientos, como pensaría el seguidor del Tao. Pero tienen problemas cuando mezclan sus sentimientos con sus emociones desequilibradas y no dan en la diana. Hay una gran diferencia entre un sentimiento y una emoción; un sentimiento es una orientación emanada del centro corazón (Dios) y una emoción es una sensación surgida de un órgano desequilibrado.

Como se puede ver, es sorprendente que, con todas estas diferencias, hombres y mujeres puedan encontrarse en absoluto. Y resulta fácil entender por qué tienen tantos problemas cuando se juntan. Pero, si son compatibles, tienen una gran oportunidad de desarrollar el amor divino como compañeros espirituales en el viaje hacia la nada.

CAPÍTULO 2

Energía sexual: perspectiva taoísta

La energía sexual nutre la totalidad de nosotros: cuerpo, mente y espíritu. Es el agua de vida, que reverdece los jardines del templo humano. Los ejercicios relacionados con la energía sexual desarrollados por las enseñanzas taoístas son mucho más sofisticados y precisos que los occidentales. Van directamente a la fuente de nuestra sexualidad y la cultivan de un modo que aporta fuerza y energía sexual a quienes los usan adecuadamente.

La filosofía del chi (energía) ha formado parte de la cultura china durante miles de años. La palabra *chi* tiene muchas traducciones: energía, aire, respiración, fuerza de vida o esencia vital. Es la fuerza vivificadora que crea el movimiento y sustenta el universo. El chi es lo que permite que los planetas, los soles y las estrellas giren unos en torno a otros; el chi es el movimiento del átomo en todos los cuerpos físicos; es la fuerza que permite crecer a la semilla y convertirse en un árbol poderoso, o al feto convertirse en un ser humano plenamente desarrollado. El chi es el factor animador en todas las cosas vivas, el factor que nutre los ciclos vitales.

Los conceptos relacionados con la energía no son sólo alimento para el pensamiento, sino maneras concretas de crear salud, felicidad y alegría en nuestras vidas cotidianas. El trabajo con la energía es el factor que hace pivotar nuestro estado general de felicidad. La energía, como el agua, es el sustento que vivifica la tierra, donde fluye el agua y florece la vida.

Este mismo principio opera en nuestros cuerpos. Si queremos tener un cuerpo sano, la energía debe circular por todas sus partes. Si no cuenta con el flujo energético apropiado, el cuerpo genera tensiones, bloqueos y enfermedades. Es como una piscina estancada o un jardín seco. Cuando no hay una circulación continua, las cosas tienden a estancarse y degenerarse.

Así, según los taoístas, la energía sexual es mucho más que el acto sexual, pues compenetra todas las áreas de nuestras vidas. Influye en la salud y en el proceso de envejecimiento del cuerpo afectando a la producción hormonal. La abundancia de energía sexual repara las alteraciones hormonales, reduce el colesterol y regula los niveles de presión sanguínea. Cuando se estimulan las glándulas sexuales, aumenta la secreción hormonal de las principales glándulas endocrinas: adrenales, timo, tiroides, pituitaria y pineal. Hay muchas pruebas que indican que existe una vinculación entre una actividad sexual armoniosa y el retraso del proceso de envejecimiento. La reflexología sexual estimula la producción de las hormonas del crecimiento, recientemente descubiertas por la medicina occidental para retrasar el envejecimiento. No obstante, desde la perspectiva taoísta, la producción de hormonas debe ser estimulada de manera natural, mediante ejercicios y masajes, en lugar de incorporarlas tomando medicamentos externos. La presencia de estas hormonas en la sangre parece retrasar el proceso de envejecimiento.

Con las técnicas taoístas de cultivo de la energía sexual, uno es capaz de producir hormonas anormalmente potentes concentrando la energía directamente en las glándulas endocrinas. Además de ser beneficiosa para el cuerpo, la energía sexual también es el combustible que alimenta las emociones, que pueden estallar fuera de control o generar una energía cálida, cómoda e irradiante en el cuerpo. Los desequilibrios sexuales pueden nublar la mente, produciendo pensamientos distorsionados y deseos desviados; por otra parte, la sexualidad equilibrada puede ser una fuente de creatividad y un modo de realizar nuestros sueños. También es la energía que puede generar la realización espiritual, pues es la fuerza que unifica y produce totalidad a partir de los pares de opuestos.

Desde esta perspectiva, empezamos a ver que cultivar y utilizar la energía sexual es de la mayor importancia. Es muy importante recordar que la energía sexual debe ser usada de manera correcta, sin reprimirla ni eliminarla. Reprimir la energía sexual es como tratar de mantener cientos de pelotas de ping pong bajo el agua: si las empujas hacia abajo, saldrán por otro lugar.

La reflexología sexual intenta expresar esta energía de una manera que potencie el cuerpo, la mente y el espíritu. De otro modo esta energía buscará vías de salida en las que quedará subutilizada y se echará a perder, pudiendo incluso ser nocivas para nuestra salud general. Tanto si tienes una pareja como si no, las ideas y los ejercicios de este libro son vitalmente importantes para tu salud sexual. Los taoístas desarrollaron estas técnicas para que podamos vivir en armonía con nosotros mismos y con los demás.

Hemos recopilado una variedad de técnicas que casi con toda seguridad aumentarán la energía sexual de los que hagan estas prácticas. Estos ejercicios tienen un profundo efecto en el resto de nuestras vidas porque nuestra sexualidad es una parte esencial de nuestra humanidad. Hay tanto poder detrás de nuestra sexualidad que si no sabemos cómo gestionar y dirigir la energía, se desviará inevitablemente; sin embargo, con el conocimiento correcto y la acción equilibrada, nuestra energía sexual puede aportar felicidad y alegría a todos los aspectos de nuestra vida. Ya es hora de que nosotros, los seres humanos, hagamos contacto con nuestro verdadero potencial y tengamos la comprensión necesaria para crear una vida intensa y apasionada, llegando a ser todo lo que estamos destinados a ser.

Sexualidad, energía y relaciones

La relación entre hombres y mujeres ha confundido a filósofos, científicos y pensadores a lo largo de los siglos. La sexualidad es una danza que ilustra las páginas de la historia de todas las sociedades. Es un ritual que ha preocupado a los seres humanos durante eones y todavía tiene perpleja a nuestra cultura actual. Siendo algo que existe desde hace tanto tiempo y que ha sido parte de la vida de todos los individuos a lo largo de la historia, uno pensaría que la humanidad habría adquirido cierta experiencia con el tema. Sin embargo, a día de hoy, las relaciones sexuales siguen confundiendo profundamente el espíritu de las personas: por una parte, generan pasión y amor, provocan el romance y el placer, y encienden las llamas del deseo, haciendo que la vida merezca la pena vivirse; pero, por otra, la sexualidad también es una fuente de destrucción y negatividad, que son las causas de la miríada de problemas que asolan nuestra sociedad.

El sexo es una fuerza creativa que recorre el cuerpo, alimentando las emociones y pensamientos, y creando el impulso del deseo. Es placer en estado crudo, sin refinar. Si esta energía no es entendida y usada correctamente, puede ser causa de insatisfacción, destrucción y de la infelicidad general de nuestras vidas. Tan básica como las dualidades hombre y mujer o día y noche, la energía sexual puede ser fuente de placer y dolor.

La fuerza sexual es como el fuego; usada con inteligencia, potencia nuestras vidas enormemente. El fuego nos permite calentar nuestras casas, cocinar los alimentos e iluminar las habitaciones oscuras, pero cuando usamos éste de un modo equivocado, por ejemplo, si encendemos fuego en el tejado en lugar de hacerlo en la chimenea, inevitablemente quemará toda la casa. El fuego en sí mismo no es malo, simplemente es una fuerza que debe ser dirigida de manera positiva. Lo mismo es aplicable a la sexualidad; cuando se usa correctamente, nos produce un placer increíble, pero si dejamos que esta fuerza se exprese sin control, sin guía ni entendimiento, tiene el potencial de destruir nuestra vida física y emocional.

Además de la insatisfacción sexual general que sufrimos en nuestras relaciones cotidianas, como sociedad, también tenemos que enfrentarnos con actos sexuales perversos, como la violación, el abuso y la violencia. En nuestra cultura, un enorme número de problemas giran en torno a la sexualidad. La pregunta de cómo usar esta energía de manera positiva tiene tanto eco que reverbera en todo el mundo. Este libro forma parte de una serie de obras sobre la energía sexual considerada desde la perspectiva taoísta. Los taoístas han escrito y enseñado sobre este tema a lo largo de los últimos cinco mil años. Este libro está escrito para transmitir parte de esa preciosa información que te permita poner luz en la creación de relaciones positivas y satisfactorias para tu vida.

En el contexto de la tradición taoísta, el sexo se veía de forma diferente que en Occidente. En lugar de ser el gran pecado, la energía sexual se consideraba un camino de salud y vitalidad, y un modo de conectar íntimamente con lo divino. La visión de lo divino como un estado de plenitud y totalidad es inherente a todos nosotros. En las tradiciones orientales, hombre y mujer representan los polos opuestos de la totalidad universal. Cada uno de ellos es la manifestación terrenal de las dos fuerzas creativas universales, cuya combinación es la causa que genera todos los fenómenos. Cuando hombre y mujer se unen sexualmente, el cielo y la tierra se encuentran.

La primera parte de este libro describe técnicas diagnósticas que, mediante la observación de los rasgos corporales externos, nos revelan nuestros puntos fuertes y débiles y nuestros desequilibrios. Estos rasgos también revelan la compatibilidad entre hombre y mujer. En el capítulo 4, «Posturas para la curación sexual», se describen

Fig. 2.1. *Relación entre fuerzas creativas.*

ejercicios (sexuales) específicos para fortalecer nuestros desequilibrios y debilidades sexuales. Estos ejercicios posturales también aportan salud, vitalidad y abundancia de energía a quienes los practican.

Historia de la reflexología sexual

Durante miles de años, los taoístas han explorado el potencial humano en el campo de la sexualidad. El conocimiento adquirido permite potenciar las relaciones, la energía sexual, el embarazo, el parto, la vitalidad y la salud corporal, mental y espiritual. El legendario Emperador Amarillo (siglo II a.C.) registró sus conversaciones con sus consejeros taoístas respecto a muchos temas. Los libros *Clásicos de la muchacha sencilla (la doncella arcana)* y *Consejos de una muchacha simple* son conversaciones transcritas sobre temas sexuales. Estas transcripciones nos dan mucha información sobre cómo usar la energía sexual para alcanzar la longevidad y una salud vibrante. Estos textos clásicos son un tesoro de información sobre todos los aspectos de nuestra sexualidad. La presente obra, *Reflexología sexual,* es una reflexión sobre parte de esa sabiduría.

La información siguiente respecto a la determinación de las inclinaciones, capacidades y funcionamiento sexuales de los seres humanos tiene un propósito específico dentro de la sexología taoísta. Desde la antigüedad y hasta hace poco, en China muchos de los matrimonios eran acordados por los padres. La información que usaban para determinar la adecuación y compatibilidad de los miembros de la pareja era reunida con gran cuidado y amor, y el resultado a menudo era una relación marital muy feliz y satisfactoria. Aunque las mujeres chinas han tenido derecho al divorcio durante al menos mil años, no era una práctica frecuente, posiblemente porque todo se consideraba cuidadosamente con anterioridad. La información usada para seleccionar un esposo o esposa compatible era muy completa e incluía factores internos como la personalidad, la compatibilidad física y las circunstancias familiares, además de la inteligencia individual, la educación y el estatus social; parte de esta información se obtenía con ayuda de la astrología y la reflexología chinas. Este cuidadoso y detallado estudio de la unión marital daba como resultado una compatibilidad mucho mayor de las relaciones. Mediante estos métodos, la fuerza, el amor y la unidad familiar quedaban enormemente potenciados. Si tenemos en cuenta las tasas de divorcio excepcionalmente altas de la sociedad occidental actual, la valiosa información que aporta este planteamiento podría resultar muy útil. La infelicidad y las dificultades emocionales experimentadas tanto por los padres como por los hijos implicados en la disolución de un matrimonio en nuestra sociedad moderna son inconmensurables.

Aunque cualquier ayuda para mejorar esta situación resultaría útil, el sistema taoísta ha superado la prueba del tiempo y su utilidad para encontrar una unión marital apropiada no puede ignorarse. Si el hombre y la mujer fueran capaces de elegir un compañero sexual adecuado a partir de esta información para mayor felicidad de ambos, esta obra habría cumplido su propósito. Esta información se ofrece con gran respeto y reverencia por la santidad del matrimonio y de la unión entre hombre y mujer.

Fig. 2.2. *Unión y compatibilidad sexual.*

CAPÍTULO 3

Reflexología

En sus investigaciones de las artes amatorias, los antiguos taoístas chinos fueron más allá de los alimentos y las hierbas, incluso más allá de las técnicas eróticas [...], llegando a maniobrar conscientemente el chi o energía de vida del cuerpo humano. Lo hicieron para potenciar la excitación sexual, controlar el orgasmo e intensificar el éxtasis tanto de los hombres como de las mujeres.

VALENTIN CHU, *Yin-Yang Butterfly*

Tradicionalmente, la reflexología se ha practicado masajeando y presionando ciertos puntos de las manos y de los pies. Estas técnicas han demostrado ser un eficaz método de curación. No obstante, la reflexología es una disciplina mucho más amplia y compleja que presionar unos cuantos puntos en las manos y los pies. La palabra *reflexología* hace referencia al reflejo, a la imagen en el espejo. Los sabios taoístas aprendieron a usar los rasgos físicos externos de la persona para obtener información sobre su energía interna, la salud de sus órganos y su personalidad. La reflexología nos enseña que la energía vital, o fuerza de vida, circula entre los órganos y todos los tejidos vivos del cuerpo. La reflexología sexual usa la antigua sabiduría taoísta para conectar con una rica fuente de vitalidad, trabajando con la energía sexual y su manifestación corporal. Se basa en el principio de que la salud sexual es un aspecto indispensable de una vida plena. Descubrir el manantial de nuestro potencial sexual es un modo de acceder a la abundante energía que almacenamos en nuestro interior.

En la medicina tradicional china hay diversos métodos diagnósticos que reconocen la conexión existente entre la apariencia externa de la persona (fisonomía) —particularmente las características visibles de la mano y la cara— y el tamaño, forma y condición de sus órganos internos. También se cree que la forma y el tamaño de unas partes de nuestra anatomía son directamente proporcionales a la forma y tamaño de otras partes de nuestro cuerpo. De modo que se establece una relación entre el tamaño y la forma de nuestros rasgos externos, el estado de los órganos internos y las partes del cuerpo correspondientes. Este principio se considera una ley anatómica conocida, practicada y elevada al rango de ciencia y arte por los médicos taoístas, y ahora ha llegado a ser conocida popularmente con el nombre de reflexología.

Veamos cómo se usan los rasgos externos para diagnosticar la salud de los órganos internos: por ejemplo, los ojos reflejan el hígado. Lo primero que nos preguntaremos es: ¿tienen brillo o están nublados? ¿Tienen oclusiones, puntos, etc.? Un hígado sano se reflejará en un iris claro, de color profundo, sin manchas, sin cicatrices ni zonas borrosas, etc. Los labios reflejan el bazo, la nariz refleja los pulmones, las orejas reflejan los riñones y la punta de la nariz y algunas zonas de la lengua reflejan el corazón. La salud del órgano interno viene reflejada por características como el color, la textura y la claridad de los rasgos externos, asociados con los órganos mediante los meridianos o líneas de energías, que se prolongan hasta las extremidades del cuerpo.

Mientras que los rasgos externos indican el potencial sexual (un pulgar largo indica un pene largo), es necesaria la combinación de muchos rasgos externos para revelar la verdadera capacidad sexual. Adquirir habilidad en estas técnicas diagnósticas es todo un arte cuyo desarrollo requiere muchos años de formación. El uso de estas técnicas diagnósticas puede ser muy beneficioso para revelar nuestros puntos fuertes y débiles. Cuando nos conocemos, podemos empezar a equilibrar nuestros puntos débiles, los que necesitan más energía. Así, nos convertimos en un ser humano mucho más completo y unificado. Los taoístas siempre recomiendan descubrir y mejorar nuestros puntos débiles para favorecer el equilibrio general.

Compatibilidad del pene con el canal vaginal

> El hombre y la mujer deberían moverse en flujo y reflujo durante el coito, como las olas y las corrientes marinas. De este modo, pueden continuar durante toda la noche, nutriendo y preservando constantemente su preciosa esencia vital, curando todas las dolencias y potenciando la vida.

> SUN NU CHING (*Clásico de la muchacha sencilla*)

Los sexólogos taoístas enseñan que el coito sexual es un tipo de acupresión extática. Los extremos del cuerpo son una rica fuente de puntos reflejos y de acupresión, por eso acostumbramos a pensar que la reflexología consiste en presionar los pies, las manos, las orejas o el rostro. Sin embargo, los puntos reflejos más intensos y poderosos del cuerpo están en los órganos sexuales mismos. La energía sexual se deriva de lo mejor de la energía corporal. La totalidad del cuerpo provee de energía al centro sexual, de modo que éste condensa toda la energía corporal. Ésta es la causa por la que la salud del centro sexual es fundamental para nuestra salud física, emocional y mental.

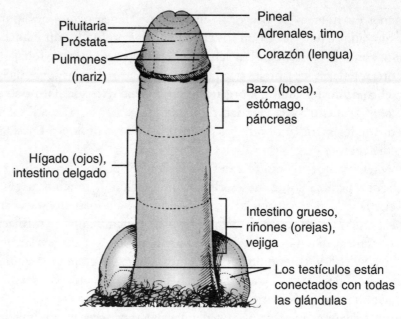

Pituitaria

Próstata

Pulmones
(nariz)

Pineal

Adrenales, timo

Corazón (lengua)

Bazo (boca),
estómago,
páncreas

Hígado (ojos),
intestino delgado

Intestino grueso,
riñones (orejas),
vejiga

Los testículos están
conectados con todas
las glándulas

Fig. 3.1. *Zonas de reflexología del órgano sexual masculino.*

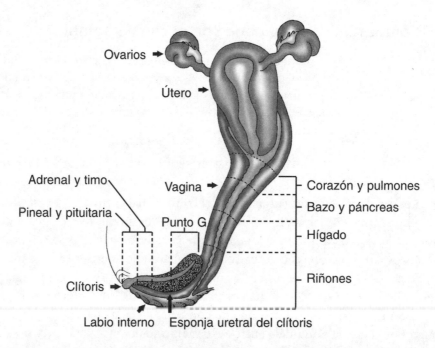

Ovarios ➡

Útero ➡

Adrenal y timo

Pineal y pituitaria

Vagina ➡

Punto G

Corazón y pulmones

Bazo y páncreas

Hígado

Riñones

Clítoris ➡

Labio interno   Esponja uretral del clítoris

Fig. 3.2. *Zonas de reflexología del órgano sexual femenino.*

Cuando se unen los órganos sexuales del hombre y de la mujer se experimenta una maravillosa estimulación energética en todo el cuerpo. El coito sexual es un extático tratamiento de acupresión. Los taoístas llaman al coito «amor curativo» debido a sus grandes propiedades curativas. Los antiguos médicos taoístas llegaban a prescribir ciertas posturas sexuales para las parejas a fin de estimular ciertos puntos concretos de reflexología sexual.

La reflexología sexual también ayuda a determinar la compatibilidad entre hombre y mujer. Así, el deseo sexual y los rasgos físicos son factores muy importantes a la hora de establecer una relación armoniosa. Esto permite que las relaciones sexuales de la pareja sean satisfactorias para ambos. La compatibilidad implica emparejar al hombre y a la mujer en función de su capacidad sexual, de su deseo y del tamaño de sus órganos físicos. El tamaño de los genitales masculinos, por ejemplo, puede variar sustancialmente. Esto no es algo positivo ni negativo, simplemente significa que el hombre debe compatibilizar el tamaño de su pene con el de la vagina de su compañera si desea satisfacerla completamente. Si el pene masculino es mucho más largo que el canal vaginal de la mujer, es posible que le haga daño durante el coito. Esto también es aplicable a la longitud y tamaño del canal vaginal en el caso de la mujer.

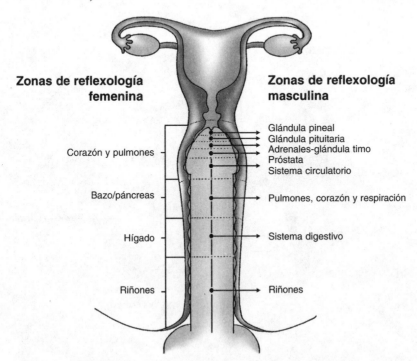

Fig. 3.3. *Interacción de las zonas de reflexología masculina y femenina.*

Debe tenerse en cuenta que para estimular completamente todos los órganos internos del hombre debe estimularse el pene en toda su longitud, excitando así todas sus zonas reflejas. Si se concentra toda la estimulación sexual únicamente en el glande, el resultado será la plena estimulación de los pulmones y el corazón, descuidándose, sin embargo, los riñones, el hígado y el bazo. Con el tiempo esto produciría un desequilibrio: el corazón y los pulmones estarían plenamente activados mientras que el hígado, el bazo y los riñones estarían subactivados.

En el canal vaginal existe una situación similar. Para que una mujer reciba una estimulación interna completa, es decir, para asegurar una estimulación igual de todos sus órganos vitales, el pene del hombre debe llegar al fondo del canal vaginal. En la sexología taoísta se reconoce que la flexibilidad del canal vaginal de la mujer es relativamente pequeña en sentido longitudinal, aunque el canal es mucho más flexible en sentido transversal, lo que queda demostrado por el hecho de que puede expandirse para acomodar el cuerpo del bebé cuando sale del útero en el parto. Así, vemos que la compatibilidad en longitud es mucho más importante que la compatibilidad en anchura. El placer resultante de la compatibilidad conduce a la satisfacción sexual.

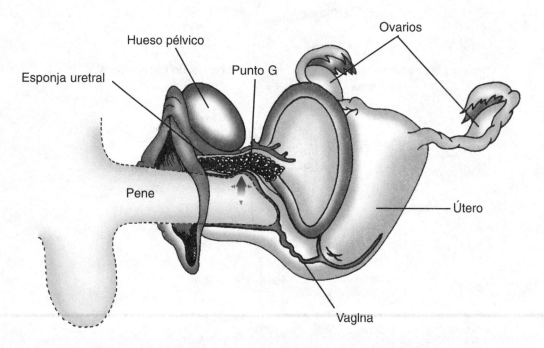

Fig. 3.4. *La penetración superficial masajea la zona del punto G.*

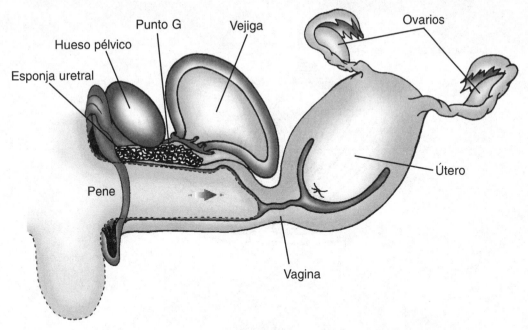

FIG. 3.5. *La penetración profunda masajea las áreas más profundas de la vagina dejando de lado el punto G.*

Músculos anulares

Los antiguos taoístas descubrieron el sutil e intrincado poder de los músculos anulares del cuerpo. Los músculos anulares son los circulares o esfínteres: la boca, los ojos, las narices, el ano, los genitales y el perineo. Los músculos anulares están situados en los extremos de importantes sistemas corporales, como el digestivo, el respiratorio y los tractos urogenitales. Para que el cuerpo tenga una salud óptima, es muy importante que los músculos anulares se contraigan simultáneamente, estableciendo el ritmo interno correspondiente a la estructura del cuerpo.

Los taoístas descubrieron los secretos de los músculos anulares observando a los niños. Uno de los objetivos de la práctica taoísta es hacerse tan vibrante y vital como un niño. Mediante ejercicios específicos, los músculos anulares devuelven a nuestro cuerpo la armonía con el Tao. Observa a un niño recién nacido mamando: mientras la boca chupa rítmicamente, los ojos, el ano y el tracto urinario también se contraen y se expanden al ritmo de la boca, y las manos se abren y se cierran sincrónicamente. Este movimiento sincronizado bombea energía por todo el cuerpo.

Consecuentemente, cuando los adultos contraemos y relajamos armoniosamente los músculos circulares, el cuerpo se llena de energía y de salud. En cambio,

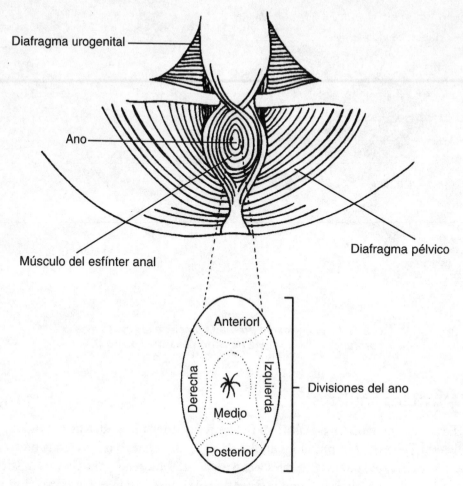

Diafragma urogenital

Ano

Músculo del esfínter anal

Diafragma pélvico

Anteriorl

Derecha

Izquierda

Medio

Posterior

Divisiones del ano

Fig. 3.6. *El ano está dividido en cinco regiones.*

cuando este ritmo está desequilibrado por el estrés, la enfermedad o la tensión la energía corporal se agota.

Todos los músculos anulares del cuerpo se reflejan mutuamente y la reflexología sexual revela esta íntima conexión existente entre ellos. Los músculos circulares de la cara revelan el tono de los músculos circulares del tracto urogenital, el ano y el perineo. Cuando se produce un desequilibrio de la energía sexual, se revela en los rasgos externos de la cara. Además, los músculos anulares influyen directamente en la salud de los órganos internos. Cuando los músculos anulares están desequilibrados, los órganos se agotan, y este agotamiento de los órganos se refleja en el centro sexual, ya que son los órganos los que le abastecen de energía. Todas estas dinámicas internas se reflejan en la cara, las manos, el pelo y en los rasgos externos del cuerpo.

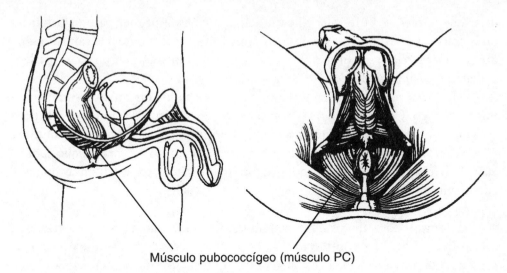

Músculo pubococcígeo (músculo PC)

Fig. 3.7. *Músculo pubococcígeo.*

Ejercitar los músculos anulares

Contraer la boca. Absorbe las mejillas en la boca mediante un movimiento de succión. Es una sensación muy similar a la de poner «labios de pez». Contrae y relaja al menos de 9 a 36 veces. Siente la conexión entre la boca y el resto del cuerpo. Siente la conexión entre la boca y los músculos anulares inferiores: los del ano y el perineo para los hombres, y el de la parte inferior de la vagina para las mujeres. Parpadea: parpadea rápidamente y mira a tu alrededor. Ejercitando los músculos anulares que rodean los ojos mejorarás tu visión y mantendrás los ojos húmedos. Éste también es un buen ejercicio para despertar el cuerpo porque estimula los nervios. Parpadea durante al menos treinta segundos. La estimulación de los músculos que rodean los ojos ayuda a abrir el diafragma urogenital.

Contraer el ano. Contrae y relaja el ano. Siente que la energía de los centros inferiores fluye por el cuerpo. Hay muchos ejercicios taoístas que hacen uso de la fuerza del ano para hacer circular la energía corporal. Los taoístas creen que tener un ano fuerte es indispensable para mantener en buen estado nuestra salud general. Contrayendo el ano fortalecemos la interconexión de todos los músculos circulares del cuerpo.

Contraer el perineo y la vagina. Contrae y relaja los músculos del perineo y de la vagina. Éste es el mismo músculo que se usa para detener el flujo urinario. Este músculo, como el ano, forma la base del centro sexual. Fortaleciendo el perineo y la vagina conseguimos contener la energía sexual dentro del cuerpo en lugar de dejar que se pierda. El fortalecimiento del perineo es el primer paso para muchas otras prácticas taoístas, como la absorción orgásmica ascendente o el candado. Puedes contraer y relajar el perineo, la vagina y el ano al mismo tiempo para fortalecer el diafragma urogenital.

Contracción de todo el cuerpo. Contrae y relaja todos los músculos anulares al mismo tiempo. Contrae y cierra los ojos, haz el movimiento de chupar con la boca, aprieta el ano y tira del perineo hacia arriba, todo al mismo tiempo. A continuación, relájate. Repítelo al menos de 9 a 36 veces. Esto fortalecerá mucho todo tu cuerpo. Recuerda que cuando todos los músculos circulares están en armonía, el cuerpo vibra y se llena de vida.

Las contracciones de los ojos, de la boca, del ano y de la próstata activarán el centro del cerebro. La contracción de la próstata activará la glándula pineal. La próstata está muy conectada con la glándula pineal, considerada el segundo órgano sexual.

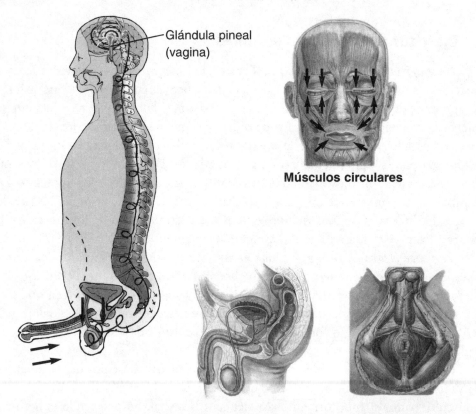

Fig. 3.8. *Vísceras pélvicas masculinas, próstata, base del pene y perineo.*

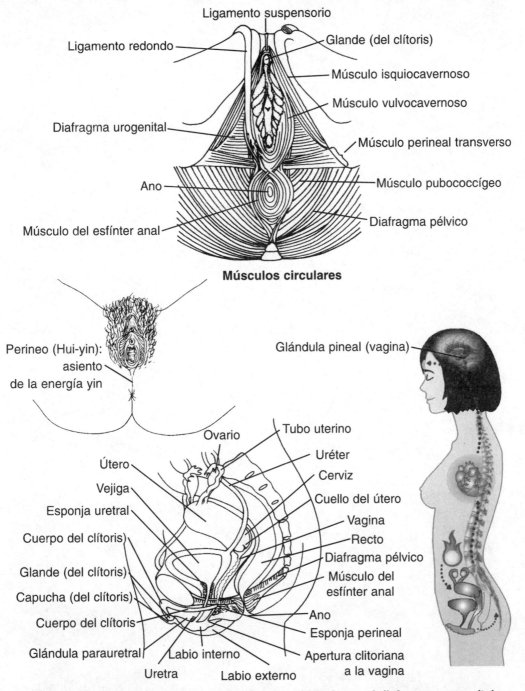

Ligamento suspensorio

Ligamento redondo

Glande (del clítoris)

Músculo isquiocavernoso

Músculo vulvocavernoso

Diafragma urogenital

Músculo perineal transverso

Músculo pubococcígeo

Ano

Músculo del esfínter anal

Diafragma pélvico

Músculos circulares

Perineo (Hui-yin): asiento de la energía yin

Glándula pineal (vagina)

Ovario

Tubo uterino

Útero

Uréter

Vejiga

Cerviz

Esponja uretral

Cuello del útero

Cuerpo del clítoris

Vagina

Glande (del clítoris)

Recto

Capucha (del clítoris)

Diafragma pélvico

Cuerpo del clítoris

Músculo del esfínter anal

Glándula parauretral

Ano

Esponja perineal

Labio interno

Apertura clitoriana a la vagina

Uretra

Labio externo

Fig. 3.9. *Genitales femeninos: los músculos chi incluyen el diafragma urogenital, el diafragma pélvico, el músculo del esfínter anal y el músculo pubococcígeo (PC).*

CAPÍTULO 4

Posturas para la curación sexual

Las posiciones curativas hacen uso de las distintas áreas de reflexología del pene y de la vagina. Cada posición sexual curativa presiona sobre distintos puntos de los órganos sexuales en función de la parte del cuerpo que necesite ser curada. Estimulando ciertas áreas del pene o de la vagina, los órganos correspondientes son estimulados y rejuvenecen, y la energía orgásmica es dirigida hacia lugares específicos. Estas antiguas técnicas han sido puestas a prueba y verificadas a lo largo de milenios.

Ocho posiciones curativas para los hombres

En estas posturas concretas, el hombre hace el trabajo y la mujer facilita su curación. Mientras que el hombre obtiene beneficios curativos específicos, la mujer también sale ganando con el ejercicio. Todas las posiciones son de ayuda cuando la mujer tiene problemas en los órganos sexuales, porque estimulan la producción de hormonas sexuales y ayudan a corregir las alteraciones menstruales. En estas posiciones, el hombre debería prolongar el coito todo el tiempo que resulte cómodo para ambos. Debería evitar la eyaculación usando las contracciones anales de los músculos anulares explicadas en los ejercicios de la respiración ovárica y testicular. (El coito taoísta, haciendo uso del control eyaculatorio tal como se explica en este libro, potencia enormemente los beneficios de estos ejercicios.)

La mujer se reclina sobre un costado con las caderas inclinadas, de modo que la pelvis quede hacia arriba. El hombre se pone encima y la penetra con su pene. Esto mejora todos los problemas relacionados con la función sexual, incluyendo la impotencia. Puede que se necesite algún tiempo para adquirir confianza en uno mismo. Comienza introduciendo el pene, y sigue adelante a tu propio ritmo. Casi todos los hombres tienen alguna habilidad sexual y por eso no es habitual ser completamente impotente. La mayor parte del tiempo la erección se pierde cuando se está a medio camino dentro de la vagina o en algún momento del coito. Una de las causas más comunes que impiden llegar al orgasmo es que el hombre no suele estar totalmente presente. Su mente vagabundea y se pierde en fantasías. Como esta posición es un poco incómoda para el hombre, debe concentrarse en lo que está haciendo; así su mente no deambulará ni fantaseará.

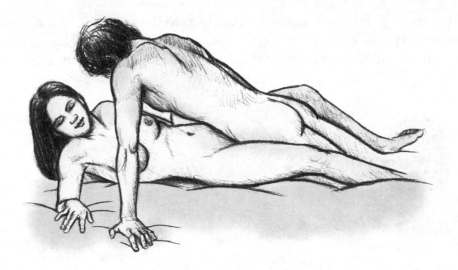

Fig. 4.1. Posición 1: *Ayuda cuando hay problemas sexuales, como impotencia, eyaculación precoz o dificultades para alcanzar el orgasmo.*

La mujer se reclina sobre la espalda. Apoya la cabeza y los hombros en una almohada grande y alta, y después dobla el cuello hacia delante. En esta posición la vagina está ligeramente curvada, lo que permite que el pene sea masajeado en el lugar exacto. Entrando frontalmente, el hombre la penetra con su pene. Después de repetir esto diariamente durante dos o tres días, el cuerpo estará totalmente rejuveneci-do. También hay beneficios para la mujer, por-que el aire que absorbe por la vagina estimu-la sus órganos internos.

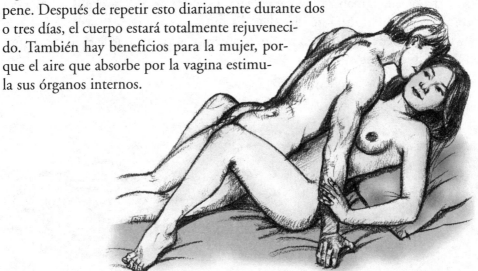

Fig. 4.2. Posición 2: *Energetiza el cuerpo.*

Ambos individuos están tumbados de lado mirándose a la cara. La mujer mantiene recta la pierna inferior y dobla la pierna superior hacia atrás. El hombre inserta su pene. Repítelo un máximo de cuatro veces diarias durante veinte días.

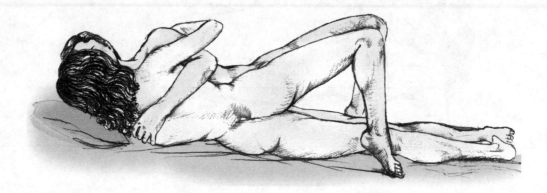

**Fig. 4.3. Posición 3: *Fortalece los órganos internos,
incluyendo los riñones, el bazo y el hígado.***

La mujer está reclinada sobre su lado izquierdo y dobla la pierna izquierda hacia atrás todo lo que puede; su pierna derecha permanece recta. Cara a cara ante ella, el hombre encuentra un ángulo para penetrar su vagina. Puede ponerse un poco por encima de ella o mantenerse cara a cara. Haz uso de esta posición un máximo de cinco veces diarias durante diez días. Es muy curativa para la artritis, la leucemia y las enfermedades del tuétano de los huesos. Además, puede acelerar la curación de los huesos rotos.

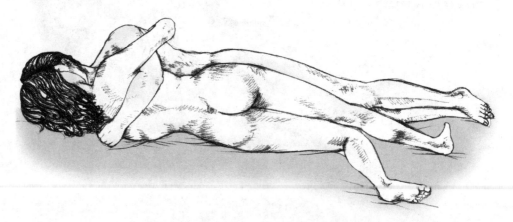

Fig. 4.4. Posición 4: *Fortalece los huesos.*

Esta postura es como la posición 4, aunque en esta ocasión la mujer se reclina sobre el lado derecho con la pierna derecha doblada. El hombre está en la misma postura, cara a cara, aunque un poco más arriba. Trabaja en esta posición un máximo de seis veces diarias durante veinte días. Esta posición es buena para todo tipo de problemas de circulación, como las varices y el endurecimiento de las arterias. También equilibra y mejora la presión sanguínea alta o baja.

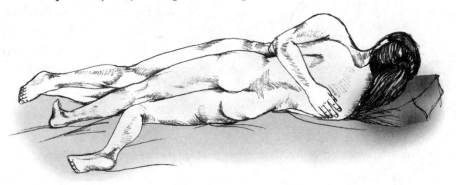

Fig. 4.5. Posición 5: *Ayuda con los problemas de los vasos sanguíneos.*

El hombre se tumba de espaldas y se relaja. La mujer se arrodilla frente a él. Él la penetra sin que ella se mueva, moviéndose arriba y abajo desde el fondo. Esta posición puede hacerse un máximo de siete veces diarias durante diez días. Mejora todo tipo de problemas sanguíneos, como anemia, baja tensión sanguínea, problemas de calidad de la sangre y coágulos.

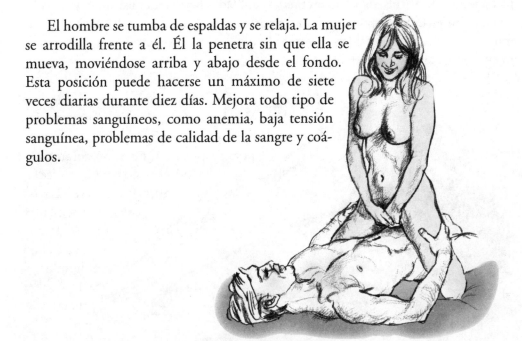

Fig. 4.6. Posición 6: *Trata problemas de circulación sanguínea, incluyendo la hipertensión.*

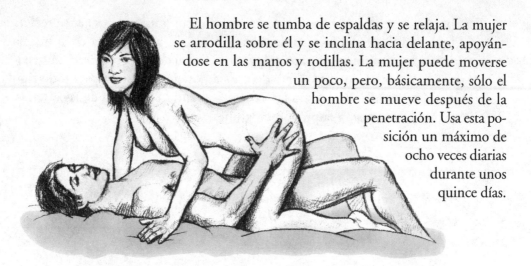

El hombre se tumba de espaldas y se relaja. La mujer se arrodilla sobre él y se inclina hacia delante, apoyándose en las manos y rodillas. La mujer puede moverse un poco, pero, básicamente, sólo el hombre se mueve después de la penetración. Usa esta posición un máximo de ocho veces diarias durante unos quince días.

Fig. 4.7. Posición 7: *Ayuda con los problemas del sistema linfático.*

Esta posición suele ser difícil para la mujer. Ella se pone de rodillas y se dobla completamente hacia atrás, dejando las piernas dobladas hasta tener la cabeza y la espalda en el suelo. El hombre entra desde la parte anterior y superior. Es posible que la mujer desee apoyar la espalda sobre una almohada. Usa esta posición un máximo de nueve veces diarias durante diez días.

Cuando la mujer está en esta postura, la forma de la vagina cambia. La fricción del empuje masculino afecta zonas diferentes del pene. Mediante el proceso de reflexología, esto influye en partes distintas del cuerpo y proporciona una estimulación curativa. El hombre se cura y la mujer facilita su proceso. En las posiciones siguientes es la mujer la que se cura, siendo el hombre el facilitador del proceso curativo.

Fig. 4.8. Posición 8: *Sanación general.*

Siete posiciones curativas para las mujeres

En estas posiciones, el hombre trabaja para la mujer. Sin embargo, a diferencia de la mujer, que también obtiene beneficios en las posturas de curación masculina, en estas posiciones el hombre no recibe un verdadero beneficio curativo.

La profundidad de la penetración es importante en las posiciones curativas para la mujer, y esto se debe a las distintas zonas reflejas que están situadas a lo largo de la vagina; por tanto, en cada caso han de masajearse distintas zonas de la vagina. La penetración puede ser superficial o profunda, dependiendo del problema concreto que se desee tratar.

Después de insertar el pene en estas posiciones, la mujer mueve la pelvis para masajear y estimular su vagina. Cuando sea necesario, el hombre restringirá sus movimientos o comunicará a la mujer que va a ir más lento. El hombre no debería eyacular en estas posiciones. La cantidad de repeticiones recomendadas es la misma para todas las posiciones: pueden repetirse hasta nueve veces diarias durante un máximo de diez días.

La mujer yace de espaldas y el hombre se pone encima de ella, insertando su pene tan profundamente como pueda. La mujer gira, haciendo un movimiento circular por debajo de él, tanto en el sentido de las agujas del reloj como en sentido contrario. El hombre deja que la mujer trabaje y se queda en esta posición hasta que ella esté satisfecha. En cualquier caso, el objetivo de estos ejercicios curativos no es el orgasmo y los beneficios para la salud se obtienen igualmente aunque no haya culminación del placer sexual.

Fig. 4.9. Posición 1: *Esta postura es buena para estados de fatiga caracterizados por visión borrosa, sudoración abundante, debilidad, desmayos, aceleración y debilidad del pulso cardíaco, y respiración rápida y superficial.*

La mujer se tumba de espaldas y rodea con sus piernas los muslos del hombre, pero no su espalda o sus hombros. El hombre está sobre la mujer, apoyado en sus manos y rodillas, y sólo inserta el pene entre cuatro y cinco centímetros. Al igual que en la postura anterior, la mujer dibuja círculos en ambos sentidos todo el tiempo que le resulte cómodo. Como él está apoyado en sus manos y rodillas, la penetración es superficial. Esto significa que el pene sólo toca las zonas reflejas del pulmón, del páncreas y del corazón en la vagina. Esta posición también es buena para las articulaciones.

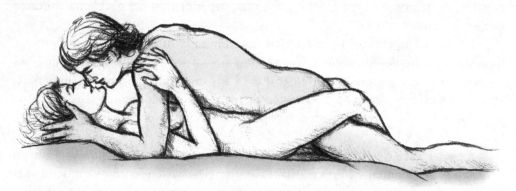

Fig. 4.10. Posición 2: *Estimula el páncreas y el hígado; es buena para las diabéticas. También ayuda con los sofocos, la debilidad de rodillas, y los pies y rodillas doloridos después de haber permanecido de pie durante mucho tiempo.*

La mujer se tumba de espaldas y entrecruza las piernas sobre la cadera del hombre, y también lo rodea con sus brazos. Apoyado en sus manos y rodillas, él la penetra hasta la mitad. Una vez más, la mujer rota en una dirección y después en la otra todo el tiempo que se sienta cómoda.

Fig. 4.11. Posición 3: *Estimula el estómago, el bazo, los órganos femeninos y alivia los problemas digestivos.*

El hombre se tumba de espaldas. La mujer, apoyada en sus rodillas, mira hacia los pies del hombre. El hombre sólo inserta el glande del pene. La mujer puede sostener el pene con la mano para controlar mejor la situación. Como antes, ella dibuja círculos en ambas direcciones el tiempo que se sienta cómoda.

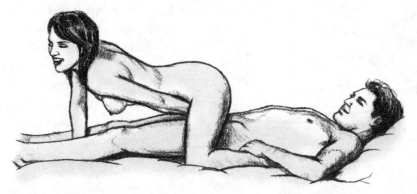

Fig. 4.12. Posición 4: *Recomendada para los casos de retención de agua, dolencias de riñón y vejiga, fiebre crónica y problemas de la glándula pituitaria.*

El hombre está de espaldas y tiene a la mujer de rodillas ante sí. La penetración vaginal alterna entre superficial y profunda a medida que la mujer se mueve arriba y abajo sobre su pene. Simultáneamente, ella rota la pelvis. Esto da a la vagina un masaje completo.

Los problemas del sistema nervioso afectan a muchas mujeres. El ciclo menstrual femenino puede producir desequilibrios hormonales y tener un impacto sobre el sistema nervioso. El embarazo y el parto pueden aumentar los desequilibrios hormonales sufridos por algunas mujeres. Ésta es una posición muy buena para ayudar a equilibrar el sistema nervioso de la mujer.

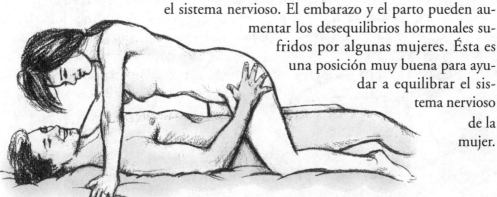

Fig. 4.13. Posición 5: *Recomendada para úlceras y problemas relacionados con el sistema nervioso, el hígado y la vista.*

El hombre está tumbado de espaldas y relajado mientras la mujer se apoya sobre las rodillas y uno de los codos. Así ella está ligeramente ladeada respecto al hombre; con una mano sostiene su pene y con la otra le agarra la cabeza. La mujer permite que el pene penetre hasta la mitad, pero continúa sosteniéndolo en todo momento. Una vez más, ella gira en esta posición durante el tiempo que le resulte cómodo. (La penetración en esta posición no resulta fácil, por eso la mujer debe sujetar el pene.)

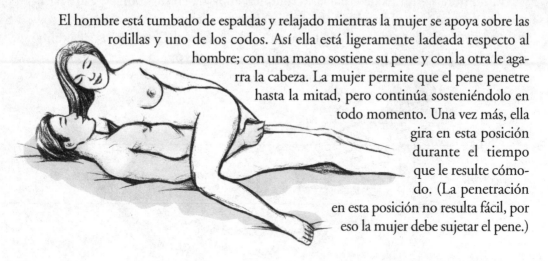

Fig. 4.14. Posición 6: *Usada para tratar bloqueos energéticos de los meridianos, dolores de cabeza, problemas circulatorios y menstruales.*

Esta posición no es tan difícil como algunas de las otras. La mujer se reclina sobre la espalda. Tiene las rodillas sobre el pecho y los pies elevados en el aire. El hombre se apoya sobre sus rodillas ante ella y la penetra muy profundamente. La mujer rota mientras el hombre se queda quieto. Esta posición contrae la vagina, lo que permite que la penetración sea muy profunda. Si el hombre tiene un pene muy largo puede envolver la parte inferior del mismo con un pañuelo para impedir que penetre demasiado en la vagina. (Esto debe hacerse en todos los casos si el pene es más largo que la vagina de la mujer). Además, el pañuelo potencia y conserva la erección bloqueando los vasos sanguíneos para que la sangre tarde más en salir del pene.

Fig. 4.15. Posición 7: *Recomendada en casos de falta de riego, anemia, mala circulación y palidez, y sequedad de la piel.*

El intercambio energético como oración sexual curativa

¿Qué es el verdadero amor? Amor combinado con verdad es igual a verdadero amor. Aunque la palabra *amor* tiene significados diferentes, verdadero amor significa que dos corazones están tan unidos que no hay distancia entre ellos. No es un amor social. El amor por la esposa o el esposo es diferente del amor por un amigo: incluso los amigos más íntimos sienten algún tipo de separación o distanciamiento entre ellos.

Ni hombres ni mujeres deben vivir solos. No lo digo en el sentido de que tengan que compartir vivienda, me refiero a que han de mantener relaciones sexuales. Los sexos se necesitan mutuamente para gratificarse y para sanarse, para equilibrarse y para ajustar sus cuerpos físicos. El taoísmo nos enseña que cada parte del cuerpo es sagrada.

Para vivir una vida humana plena tenemos que entender nuestra sexualidad, y el pleno entendimiento de nuestra sexualidad equivale a vivir una vida divina. El sufrimiento no es divino. Cuando las personas alcanzan cierto nivel en la existencia se vuelven espirituales. La idea de que hay que sufrir para hacerse espiritual es un concepto que pertenece al ámbito del ego. Nadie está obligado a sufrir. Podemos elegir. Si las personas no tuviéramos capacidad de elección, seríamos máquinas. En la Biblia, cuando Dios dijo a Adán que no comiera del árbol del conocimiento le dio una opción. (En este caso, *conocimiento* significa «religión».) Dios dijo a Adán que si comía del árbol, moriría. Y en este caso muerte significa separación de Dios. El hombre decidió tener el conocimiento. A continuación, sintió vergüenza e intentó cubrir su cuerpo desnudo; antes se había sentido puro. Es necesario volver a esa pureza. Para agradar a Dios debemos agradarnos primero a nosotros mismos, porque Dios está dentro de nosotros. Si vivimos una vida divina, ya somos parte del reino de Dios. No hace falta pagar impuestos a Dios. Él es plenamente capaz de hacer lo que necesita para Sí mismo.

El objetivo del Tao es llegar a ser una persona completa. Como el hombre es parte de la mujer y la mujer es parte del hombre, viviendo juntos tenemos una excelente oportunidad de descubrirnos. A través de lo que conocemos como oraciones de curación sexual, el hombre y la mujer se unen y se convierten en una persona completa.

Las *oraciones de la sanación sexual* exigen del hombre una gran disciplina, que le ayuda a no ceder ante la lujuria. El hombre sirve a la mujer con su cuerpo. Las *oraciones de la sanación sexual* permiten a la gente empezar y acabar el día en paz, lejos de tensiones y preocupaciones.

Como tenemos cuerpos, debemos hacer uso de ellos y disciplinarlos. El cuerpo es el instrumento para que el alma-mente siga al espíritu. Si dejamos que nuestro espíritu nos guíe y seguimos nuestra intuición, conciencia y comunicación con Dios, nuestros pensamientos, emociones y decisiones también se alienan. Nos es imposible, evidentemente, prescindir de nuestros cuerpos; por tanto, debemos satisfacerlos. Las *oraciones de la sanación sexual* satisfacen y disciplinan el cuerpo simultáneamente. Cuando rezamos, debemos pedir a nuestros cuerpos que escuchen a nuestro espíritu. Así decidimos agradar a nuestro Dios-Ser. Tendremos un sentimiento de puro amor.

Cuando dos personas se encuentran son comparables a un cuadrado. Las *oraciones de la sanación sexual* les mantienen interrelacionados, compartiendo un punto de encuentro. Posteriormente, el cuadrado se convierte en un triángulo. La mujer está totalmente abierta y receptiva; es completamente yin. El hombre está en su orgasmo taoísta y se da íntegramente; es completamente yang. Los estados completamente yin y completamente yang constituyen el perfecto equilibrio yin-yang, que se convierte en un círculo sin principio ni fin. En el círculo no hay fisuras ni desfases, no hay críticas entre hombre y mujer. Para los participantes sólo hay sentimiento, libre de juicios y pensamientos. Ambos se sienten mutuamente con los ojos cerrados. Este sentimiento es amor total y perfecta unificación. Esta unión comprende el yin y el yang. Es el microcosmos y el macrocosmos del universo; es eterna.

En ese instante los miembros de la pareja están más allá del espacio y del tiempo. Aunque la oración sólo dure dos minutos, ese tiempo se hace interminable. El clímax de la mujer durante la *oración de la sanación sexual* puede durar de dos a diez o veinte minutos. Durante ese periodo ella está completamente relajada y no siente ningún otro deseo físico. Así, para ella, la *oración de la sanación sexual* es una especie de meditación. Los temblores corporales y los fluidos vaginales forman parte del clímax, y pueden fluir varias veces antes de que la mujer se abra completamente. Para el hombre, la *oración de la sanación sexual* es el punto inmediatamente anterior a la eyaculación. Cuando llega a ese estado, el hombre se contiene y se mantiene ahí, centrándose sólo en el sentimiento y prescindiendo del conocimiento. Evidentemente, éste es el árbol de la vida. Para realizar la *oración de la sanación sexual* se necesita más de una erección. La próstata debe expandirse en torno a un 98 por 100 sobre su tamaño habitual para que el hombre mantenga el interés.

En ocasiones no se comprende cuál es el propósito de la meditación y se confunde meditar con «pensar». Muchas veces, cuando alguien tiene un problema, dice: «Tengo que meditar sobre ello»; en este caso el significado es *pensar*. Sin embargo, el verdadero objetivo de la meditación es conectar con nuestro Dios-Ser.

La *oración de la sanación sexual* es la mejor meditación posible, porque combina la comunicación con nuestro Dios-Ser con el ejercicio interno y la curación. Nos lleva al nivel de la unidad completa, de la «no-mente». Cuando se alcanza este nivel, la persona se siente tan plena que no le queda deseo de practicar la sexualidad ordinaria. Y el amor mismo está más allá del estudio y del aprendizaje; surge del corazón y es auténticamente espiritual desde el principio. Amar es dar.

Durante la *oración de la sanación sexual,* el hombre se entrega a su amante. La entrega de la mujer reside en su rendición al hombre. Ambos crecen juntos, intercambiando energía sexual y bienestar. Así, es posible usar la sexualidad para sentir la divinidad. La *oración de la sanación sexual* genera automáticamente un amor total. Sin embargo, este amor es distinto del amor romántico ideal que tiene en la cabeza la mayoría de la gente. Se puede decir que estas oraciones son el apogeo de la sexualidad taoísta. El día comienza con la *oración de la sanación sexual matinal* y concluye con la *oración de la sanación sexual vespertina.* La experiencia es deliciosa. Los individuos se van a dormir relajados y en paz, y cuando despiertan al día siguiente están preparados para la *oración de la sanación sexual matinal.*

Debemos darnos cuenta de que nuestros pensamientos forman nuestro mundo. La cognición mental es la realidad esencial, y es muy anterior al mundo material. Las cosas materiales que podemos ver y tocar son traídas a la existencia por la mente. Mediante los pensamientos adecuados, podemos llegar a materializar cualquier cosa. En este caso, simplemente tenemos que concentrarnos en el compañero o compañera adecuado y visualizar mentalmente lo que queremos. Así atraeremos a la persona adecuada para nosotros.

CAPÍTULO 5

Posturas sexuales energetizantes

Posiciones de las manos

Éstas son las posturas básicas de las manos para energetizar el cuerpo y absorber la energía sexual hacia el cerebro cuando realizamos las prácticas del amor sanador. Los ejercicios de estiramiento y las posiciones de las manos para llevar la energía al cerebro agrandan los órganos sexuales y el tamaño del cerebro (glándula pineal), fortaleciendo la mente (cerebro) y el cuerpo (órganos).

Esta posición de manos fortalece el semen y los ovarios, activando el bombeo sacral.

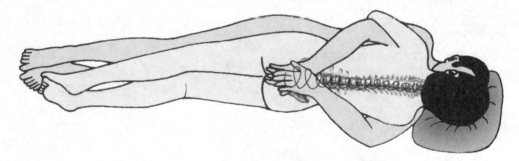

Fig. 5.1. *Punto energético del bombeo sacral.*

Esta posición de las manos fortalece la energía vital y el tuétano de los huesos, activando el punto Ming Men.

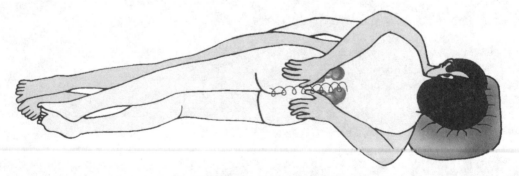

Fig. 5.2. *Punto energético del riñón.*

Esta posición de las manos fortalece todos los órganos y genera más atracción sexual activando la Puerta de la Vida.

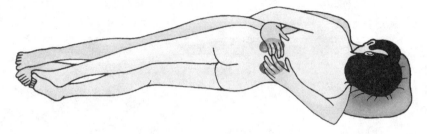

Fig. 5.3. *Punto de las glándulas adrenales en D-11 (onceava vértebra dorsal).*

Esta posición de las manos fortalece los huesos y potencia el color de la cara, los ojos y la boca, haciendo que tengamos un aspecto más sano y vibrante activando el punto D-11.

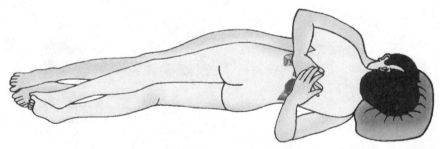

Fig. 5.4. *Punto del hígado y del bazo.*

Esta posición de las manos fortalece la arteria aorta y la vena cava, y aumentan la dureza del pene y la humedad de la vagina activando el punto del ala.

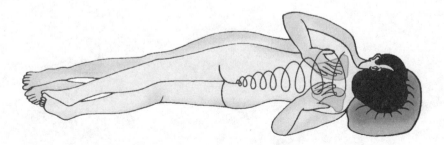

Fig. 5.5. *Punto del corazón y de los pulmones.*

Esta posición de las manos fortalece el hígado y el bazo, haciendo que los ojos y la boca tengan un aspecto más atractivo al activar el punto C-7.

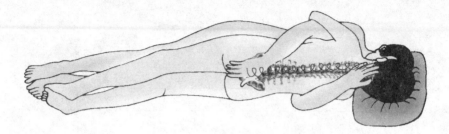

Fig. 5.6. *Sacro y el punto C-7.*

Esta posición de las manos fortalece todos los huesos y mejora el riego sanguíneo a los órganos sexuales activando los bombeos sacro y craneal.

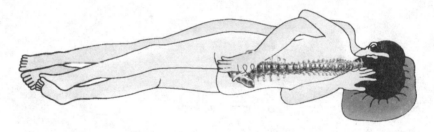

Fig. 5.7. *Sacro y punto del cuello.*

Esta posición de las manos fortalece los glóbulos blancos y rojos de la sangre, mejora la erección masculina y la humedad femenina, y abre a la mujer a un orgasmo mayor al activar el punto coronario.

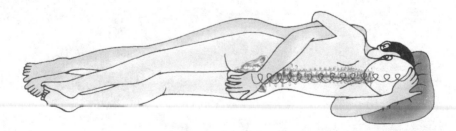

Fig. 5.8. *Sacro y punto coronario.*

Las parejas que practican el amor curativo energetizan los sentidos

Para favorecer la circulación energética, gira los ojos nueve veces en el sentido de las agujas del reloj y otras nueve en el sentido opuesto; después recoge la energía.

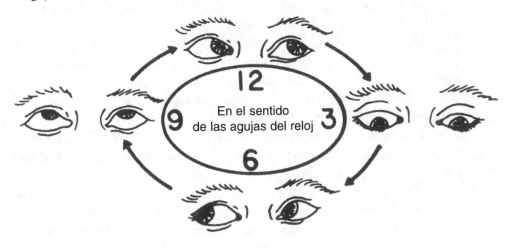

Fig. 5.9.

Uso de los movimientos oculares en las posturas del amor curativo

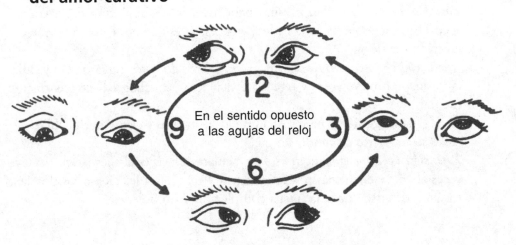

Fig. 5.10. *Movimiento de ojos.*

1. *Mejora los ojos.* Cuando estés experimentando un alto nivel de energía sexual y orgásmica, y estás cerca de la eyaculación, espira por la boca. Contén el aliento, abre los ojos y mira primero hacia la derecha y después hacia la izquierda.

   Inspira y mete la parte inferior del abdomen (respiración inversa) seis veces. Equilibra la respiración respirando normalmente y siente la energía orgásmica fluyendo hacia todos los meridianos.

2. *Mejora de la audición.* Cuando estés cerca de la eyaculación y experimentes un alto nivel de energía sexual orgásmica, traga el chi llevándolo seis veces hasta el Tan Tien inferior y castañea los dientes con la boca cerrada.

   Inspira, contén la respiración durante algún tiempo y presta atención a los sonidos que lleguen a tus oídos. Espira y relaja el estómago.

   Inspira, mete el estómago y mantente así, dejando que el chi del orgasmo se extienda hacia los miembros y la totalidad del cuerpo. Esto mejorará la audición hasta que seas anciano.

3. *Equilibra los órganos.* Esto mejora la digestión y cura todo tipo de enfermedades. Cuando sientas mucha energía sexual y estés cerca de la eyaculación, expande el estómago y, usando la concentración mental, reúne el chi orgásmico en torno al estómago.

   Contrae el perineo y el ano. Esto ayudará a que la energía orgásmica circule por todos los órganos y glándulas corporales. A continuación, practica el ritmo de las nueve penetraciones superficiales por una profunda (explicado en el libro *Healing Love).* Esto ayudará a reunir el chi orgásmico; el chi negativo se dispersará.

4. *Fortalece la erección.* Haz el pino para invertir la circulación de la energía sexual, dirigiéndola hacia la cabeza y el resto del cuerpo. Esto endurecerá la erección del pene.

5. *Vuelta del chi y equilibrio de yin y yang.* Cuando estés cerca de la eyaculación, inspira nueve veces y retén la eyaculación (mediante la concentración mental).

   Usa la mano izquierda para sostenerte los testículos y siente que el chi orgásmico se convierte en fluido sexual.

6. *Retención del semen.* Quienes sólo eyaculan dos veces al mes o veinticuatro veces al año, tienen más posibilidades de llegar hasta los cien o los doscientos años de edad con una buena complexión y sin dolencias.

Posturas del amor sanador para las prácticas del Tao Universal

La posición sedente es perfecta para el final del coito, para mantener una conexión energética y para la circulación de energías en la meditación de la órbita microcósmica.

Fig. 5.11. *Conexión de la órbita microcósmica.*

En primer lugar, los miembros de la pareja deben aprender a hacer circular la energía sexual en su propio cuerpo durante el coito; más adelante, ambos aprenderán a dar y recibir energía sexual usando la órbita microcósmica.

Fig. 5.12. *Circulación de la energía sexual en la órbita microcósmica.*

El intercambio y el movimiento de la energía sexual permite que las parejas den y reciban la energía sexual plenamente, curándose mutuamente gracias a la meditación de la órbita microcósmica.

Fig. 5.13. *Intercambio y movimiento de la energía sexual curativa en la órbita microcósmica.*

Los ocho beneficios curativos de las posturas energetizantes

Puedes usar la energía sexual para fortalecer tus órganos y sentidos estimulando los puntos de reflexología sexual. Los órganos y sentidos se fortalecerán y tú te volverás más sexy y atractivo(a).

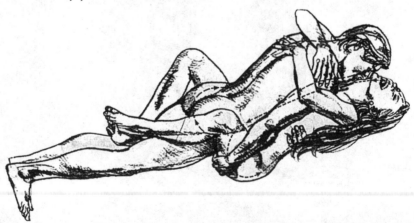

Fig. 5.14. *Hacer más firme el semen.*

El *primer beneficio*, «hacer más firme el semen», se consigue contando hasta dos veces nueve (18). A continuación, descansa y dirige el chi orgásmico hacia la coronilla; repítelo dos veces. Al acabar de contar, el hombre se para; esto hace que el semen se haga más firme. Para eliminar las hemorragias, la mujer debe repetir esta práctica dos veces al día; debería estar curada en quince días.

El *segundo beneficio* se denomina «tranquilizar la fuerza de vida»; cuenta hasta nueve tres veces seguidas. Descansa, contrae ligeramente y dirige el chi hacia los pulmones; repítelo tres veces para que se armonice la fuerza de vida.

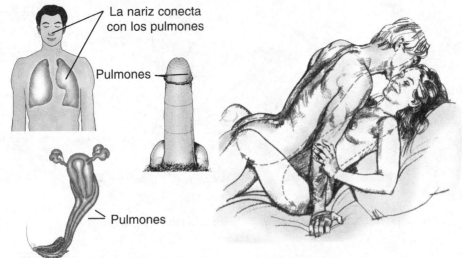

Fig. 5.15. *Tranquilizar la fuerza de vida.*

El *tercer beneficio* recibe el nombre de «acumulación provechosa»; cuenta cuatro veces hasta nueve (36) y detente al completar la cuenta. Descansa y dirige el chi hacia los órganos; repítelo cuatro veces. Esta práctica armoniza la fuerza de vida de la pareja, y puede ayudar a refrescar la puerta de la mujer.

Fig. 5.16. *Acumulación provechosa fortaleciendo todos los sentidos.*

El *cuarto beneficio* es «fortalecer los huesos»; cuenta hasta cinco veces nueve (45) y párate al completar la cuenta. Descansa y dirige el chi orgásmico hacia los huesos de la columna, la caja torácica y los huesos de la cadera. Repítelo cinco veces. En el hombre, esto mejora el funcionamiento de las articulaciones, y puede retirar la obstrucción a la circulación sanguínea de la mujer.

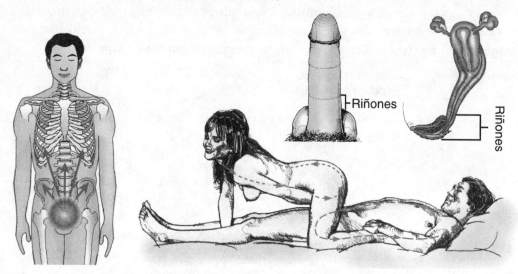

Fig. 5.17. *Fortalecer los huesos conectando los riñones con los ojos.*

El *quinto beneficio* es «mezclar los conductos»; cuenta seis veces nueve (54) y detente cuando hayas completado la cuenta. Descansa y dirige el chi orgásmico hacia la aorta y la vena cava. Haz seis series.

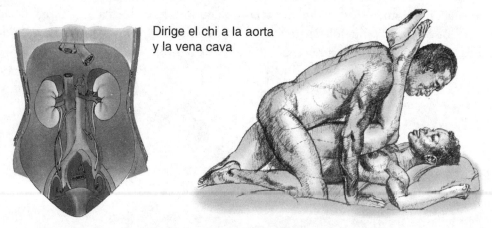

Dirige el chi a la aorta y la vena cava

Fig. 5.18. *Mezclar los conductos.*

El *sexto beneficio* se llama «almacenar la sangre». Inserta profundamente el tallo de jade. Cuenta hasta siete veces nueve (63) y detente al terminar de contar. Descansa y dirige el chi orgásmico hacia el hígado y el bazo. Haz siete series. Esta práctica fortalece el vigor del hombre. Además, puede aliviar los problemas del ciclo menstrual femenino.

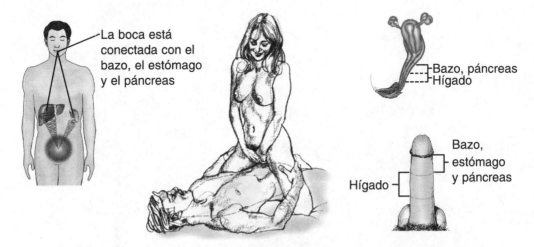

Fig. 5.19. *Almacenar la sangre.*

El *séptimo beneficio* es «aprovechar el fluido». El hombre monta a la mujer. Cuenta ocho veces nueve (72) y se detiene cuando completa la cuenta. Entonces descansa y dirige el chi orgásmico hacia el tuétano de los huesos en las caderas y en la caja torácica.

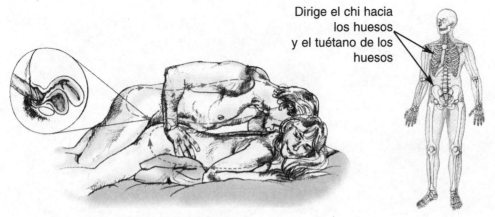

Fig. 5.20. *Aprovechar el fluido que conecta los riñones con los ojos.*

El *octavo beneficio* es «informar al cuerpo». El hombre cuenta nueve veces nueve (81) y deja de contar al completar la cuenta. Descansa y dirige el chi orgásmico a los huesos y al tuétano de los huesos. La serie se repite nueve veces. Este ejercicio refuerza los huesos del hombre.

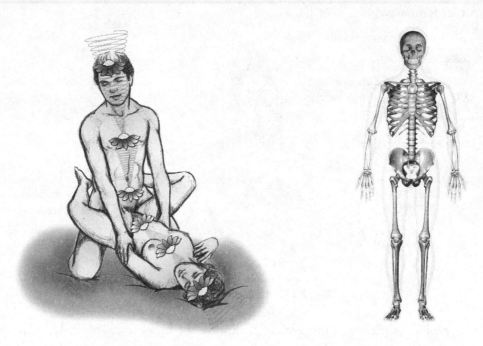

Fig. 5.21. *Al informar, el cuerpo expande la energía hacia los huesos y el tuétano de los huesos.*

CAPÍTULO 6

Gestión de la eyaculación y del ciclo menstrual

Gestión de la eyaculación

> El hombre puede disfrutar de buena salud y lograr la longevidad si la frecuencia de la eyaculación es de dos veces al mes o veinticuatro veces al año. Si al mismo tiempo presta mucha atención a la dieta y hace ejercicio, vivirá una vida larga y saludable.
>
> SUN SSU-MO

La dieta, el ejercicio y la contención sexual constituyen los tres pilares de los programas taoístas de salud y longevidad. Obviamente, estos principios taoístas se aplican igualmente a hombres y mujeres. La esencia del semen es la energía impulsora de la sexualidad para ambos géneros, siendo el origen de la capacidad física de realizar el coito, así como del interés y del afecto emocional por el sexo opuesto. Por otra parte, las mujeres no se descargan cuando llegan al orgasmo, y un coito no acaba con su apetito ni con su interés sexual. Como los principios necesarios para lograr la armonía entre yin y yang deben ser cultivados principalmente por los hombres, este capítulo está dirigido fundamentalmente a ellos. Sin embargo, esta información también debe ser estudiada y entendida por las mujeres que sean compañeras de hombres taoístas o que quieran convertir a sus hombres al taoísmo (véanse los libros *Secretos taoístas* y *Amor curativo,* de Mantak Chia).

Según la medicina occidental, los hombres reemplazan su semen de manera natural poco después de la eyaculación y tienen una provisión del mismo prácticamente ilimitada. Esto es una generalización muy engañosa. La eyaculación puede compararse con la donación de sangre. Después de donar sangre, la persona se siente débil y cansada durante un día o dos, hasta que recupera la sangre perdida. Los bancos de sangre suelen recomendar a la gente que sólo done sangre unas pocas veces al año para evitar la fatiga crónica, una disminución de la resistencia y una tensión excesiva sobre el sistema circulatorio. Según la medicina china, este mismo criterio es aplicable al semen, aunque éste es más difícil de reemplazar que la sangre. Se necesita una gran cantidad de esencia y de energía para reemplazar completamente el semen perdido y restaurar el equilibrio hormonal después de la eyaculación.

Si la frecuencia eyaculatoria sobrepasa la capacidad corporal de reemplazar plenamente el semen, el hombre sufrirá fatiga crónica, reducción de la resistencia, irritabilidad y otros indicadores de agotamiento energético y de la esencia. Además, cuando eyaculan, los hombres pierden completamente el interés por sus compañeras, que fácilmente podrían desear seguir haciendo el amor. Aunque es posible que los adolescentes y jóvenes menores de treinta años reemplacen su semen a un ritmo que les permita eyacular frecuentemente, la idea de que esta capacidad se mantiene intacta indefinidamente durante toda la vida adulta es absurda. Son las mujeres, no los hombres, las que tienen una capacidad sexual prácticamente ilimitada.

También debe señalarse que el celibato no es la respuesta, porque priva a los hombres de los beneficios de la estimulación sexual. La solución, por tanto, es el control de la eyaculación. La regulación del coito con una eyaculación poco frecuente mantiene el interés del hombre por el acto, capacitándole para continuar indefinidamente hasta que su compañera esté plenamente satisfecha. De hecho, los hombres que eyaculan una o más veces al día podrían eventualmente «perder la cabeza». La eyaculación frecuente produce una pérdida crónica de los fluidos vitales que el cerebro y la columna vertebral necesitan para operar adecuadamente. El déficit resultante de estos importantes fluidos puede producir senilidad prematura, incapacidad de concentrarse, depresión crónica, pérdida del apetito sexual y muchos otros síntomas relacionados con los anteriores.

Fig. 6.1. *La eyaculación genera una pérdida de cinc que podría eventualmente producir pérdida de memoria, confusión y paranoia.*

Además, algunas pruebas científicas modernas afirman que cada vez que el hombre eyacula se produce una pérdida significativa de cinc. El cinc es un elemento residual raro pero extremadamente importante; por tanto, la eyaculación frecuente produce una seria deficiencia crónica de cinc. Entre los síntomas de la deficiencia de cinc están la pérdida de memoria, confusión, paranoia e hipersensibilidad a la luz del sol. Es interesante que estos datos científicos vengan a confirmar «la leyenda popular» que afirma que la eyaculación frecuente nubla la mente, debilita la columna y produce ceguera.

Regular la frecuencia de la eyaculación

Todas las escuelas taoístas creen que la retención del semen y la adecuada regulación de la eyaculación son habilidades esenciales para los hombres que están en el Camino. Los entendidos de la antigua China nos dejaron sus propias directrices personales para determinar la frecuencia de las emisiones. Juntando sus sugerencias con nuestras necesidades particulares y nuestra experiencia, podemos determinar fácilmente el programa de eyaculación adecuado a nuestras necesidades personales.

Para empezar, tengamos en cuenta lo que la muchacha sencilla dijo al Emperador Amarillo sobre esta cuestión. Estando un poco confuso con la noción de «echar a perder la esencia vital» y «regular el goteo», el Emperador Amarillo comentó sus dudas a la chica sencilla. Esto es lo que ella le respondió: «Algunos hombres son fuertes, otros débiles. Algunos hombres son viejos, otros jóvenes. Cada persona debe vivir de acuerdo a su fuerza vital, sin forzar las alegrías del sexo. Forzar la alegría es perjudicial.»

1. Un hombres sano de veinte años puede eyacular dos veces al día, pero un hombre mayor no debería hacerlo más de una vez al día.
2. Un hombre de treinta años puede eyacular una vez al día, pero si no es fuerte sólo debería hacerlo una vez cada dos días.
3. Un hombre de cuarenta años en plenas facultades puede emitir semen una vez cada tres días, pero si le falta fuerza sólo debería hacerlo una vez cada cuatro días.
4. Un hombre corpulento de cincuenta años puede eyacular una vez cada cinco días, pero sólo cada diez días si le falta fuerza.
5. Un hombre sano de sesenta años puede eyacular una vez cada diez días, pero sólo una vez cada veinte días si no goza de buena salud.
6. Un hombre robusto de setenta años puede emitir semen una vez al mes, pero si le falta fuerza no debería emitir semen en absoluto.

Durante la dinastía Tang, el médico Lee Tung-hsuan, en *Mysterious Master of the Cave,* usó la frecuencia del coito en lugar del número de días para regular las emisiones. Por ejemplo, dijo que al realizar el coito con mujeres, un hombre sólo debería expulsar semen dos o tres veces cada diez días. El gran adepto de la dinastía Han, el maestro Liu Ching, de quien los archivos dinásticos afirman que vivió más de trescientos años, prefería regular la emisión de semen en función del ciclo universal de los cambios estacionales.

Las estaciones influyen en la frecuencia con que un hombre puede permitirse eyacular. En primavera, es razonable eyacular una vez cada tres días, pero en verano y otoño dos veces al mes es más apropiado. En el frío invierno no debería producirse ninguna eyaculación en absoluto. Acumular la esencia yang durante el invierno es el camino del cielo. Los que sigan este consejo vivirán una vida larga y saludable. Una sola eyaculación en invierno es cien veces más dañina que una eyaculación en primavera.

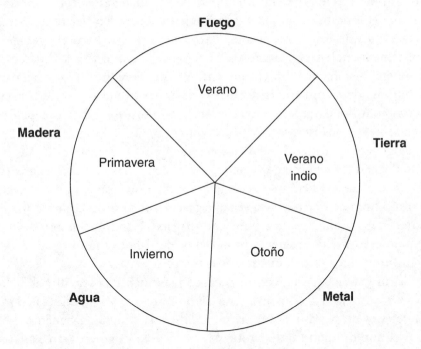

Fig. 6.2. *Eyaculación estacional.*

El mejor consejo en este tema de la retención de la eyaculación viene del doctor centenario Sun Ssu-mo. Este taoísta de la dinastía Tang sobrevivió a tres emperadores siguiendo sus propios consejos. La medida aproximada que recomendaba se ha citado más arriba. Sin embargo, en su práctica personal, sólo eyaculaba una vez cada cien cópulas. El doctor Sun vivió ciento un años.

Fig. 6.3 *El fuego de las lámparas.*

Sun Ssu-mo nos dice que un hombre debe «familiarizarse» con el taoísmo a los treinta años y «adquirir completo conocimiento operativo del mismo» hacia los cuerenta. Antes de los cuarenta años, la mayoría de los hombres siguen siendo extremadamente potentes y vigorosos. Sin embargo, en torno a los cuarenta notan que su potencia se reduce. En el momento en que se reduce su potencia, al hombre le sobrevendrán numerosas dolencias. Si no les presta la debida atención, las dolencias pronto se harán crónicas. El doctor Sun Ssu-mo advierte repetidamente a sus pacientes de los riesgos asociados con el exceso de eyaculaciones. Establece una analogía con la llama de una lámpara de aceite que, justo antes de agotarse, lanza una llamarada repentina y muere. Cuando el hombre se contiene y retiene el semen, es como si añadiera más aceite a la lámpara que está a punto de extinguirse. Pero si el hombre eyacula cada vez que practica el coito, es como si quitase aceite de una lámpara que ya está a punto de apagarse. Sun Ssu-mo lo resume así: «Si un hombre desperdicia su semen, pronto morirá. Para los hombres, éste es el dato más significativo que tienen que recordar respecto al sexo.»

Por la misma razón, y en consonancia con la muchacha sencilla, el doctor Sun Ssu-mo desaconseja la abstinencia total. El hombre que no practica el coito sexual con mujeres es propenso a la inquietud y anhela la compañía femenina. A veces, reprimir el impulso natural de emitir semen no sólo exige un gran esfuerzo, sino que, de hecho, facilita la pérdida de semen mediante las poluciones nocturnas, los llamados «sueños húmedos». Una única eyaculación de este tipo equivale a cien emisiones en el coito normal. Sun Ssu-mo sugiere regular la eyaculación de acuerdo a la edad del hombre.

1. En torno a los treinta años, el hombre comienza a perder vitalidad y debería dejar de desperdiciar semen imprudentemente. Debe dejar de masturbarse y debería familiarizarse con el Tao del yin y yang.

2. Hacia los cuarenta años el hombre ha alcanzado un punto de inflexión en su vida. Para evitar perder vitalidad rápidamente hasta acabar en la tumba, algo que el sexo indisciplinado produciría en esta etapa de la vida, el control eyaculatorio debería convertirse en un hábito.

3. Hacia los cincuenta, el hombre debe reducir la eyaculación a una vez cada veinte días.

4. A los sesenta años la mayoría de los hombres deberían evitar completamente la eyaculación (pero no el coito). Sin embargo, si el hombre está muy sano y tiene mucho apetito sexual puede continuar eyaculando aproximadamente una vez al mes o, aún mejor, una vez cada cien coitos.

5. Este programa puede continuar hasta los setenta años. El control eyaculatorio es importante para los hombres sanos y fuertes; también para los que no son tan fuertes. Comenzar este programa en una etapa temprana de la vida ayuda a evitar las peores calamidades de la ancianidad, incluyendo la pérdida de energía vital (para más detalles, véanse los libros *Secretos taoístas del amor* y *El hombre multiorgásmico,* de Mantak Chia).

Para la mayoría de los hombres, el celibato total es tan dañino como el exceso de eyaculaciones. Genera un fuerte deseo de relaciones sexuales, que produce un desequilibrio entre esencia, energía y espíritu. Además, acaba produciendo aún más pérdida de esencia y energía sexual a través de las intensas e incontrolables emisiones de los «sueños húmedos». Quienes quieran establecer su propio programa de emisiones deben dominar los métodos de retención del semen que se relatan seguidamente. Sigue las directrices que se ofrecen y evalúa tu propia vitalidad mediante el método de prueba y error.

El hombre debe sentirse tan ligero y fresco después de eyacular como la mujer después del orgasmo. No debería sentirse agotado, drenado ni perder interés por el sexo. Una eyaculación de este tipo sólo puede experimentarse cuando el abastecimiento de semen es lo que los chinos denominan «pleno» y «floreciente». Si la emisión deja al hombre cansado y deprimido, debe prolongarse el periodo entre eyaculaciones.

El hombre también puede ayudar a reducir la pérdida de esencia y energía causada por la emisión entrenándose para «eyacular con ligereza» las veces que elija hacerlo. En lugar de abandonarse plenamente a la furia preeyaculatoria, el hombre llega hasta el límite lenta y suavemente, disfrutando de la maravillosa sensación de liberación. A continuación, «aprieta» intencionalmente el canal urogenital con una intensa contracción del ano y del pene antes de completar la eyaculación. Esto preservará entre un 20 y un 30 por 100 del semen, permitiendo que, de todos modos, se produzca la deseada eyaculación. Inmediatamente después de la eyaculación, tensa rítmicamente el diafragma urogenital durante uno o dos minutos cerrando el esfínter anal. Esto aprieta el diafragma pélvico, que suele quedase suelto y flojo después de la eyaculación. Esta práctica también ayuda a evitar la pérdida poscoital de chi a través del perineo, el ano y el canal urogenital; también es muy útil para las mujeres porque impide la pérdida de chi por la vagina, permitiendo que la energía sexual ascienda por los canales espinales hacia el cerebro.

Muchos hombres se muestran escépticos ante este planteamiento disciplinado y poco convencional de las relaciones sexuales. Tienen que convencerse completamente por propia experiencia de que es una necesidad. Éstos son algunos sencillos experimentos que cualquier hombre puede hacer para probar la verdad del Tao en la sexualidad.

1. Intenta practicar un coito vigoroso poco después de haber participado en un evento deportivo o en una representación teatral. Hazlo una vez eyaculando y otra sin eyacular y compara los resultados. La diferencia es sorprendente.

2. O realiza el coito a última hora de la noche, una vez eyaculando y otra sin eyacular. A continuación, compara la cantidad de sueño que necesitas y cómo te sientes al levantarte por la mañana.

3. Una prueba aún más sorprendente es la diferencia de energía que sentimos a lo largo del día al realizar el coito cuando nos levantamos por la mañana. Asegúrate de probarlo de los dos modos, con y sin eyaculación. Hay muchos factores que se deben tener en cuenta, como por ejemplo el tiempo meteorológico, tu estado de ánimo o tu condición física.

4. Sin duda notarás una gran diferencia después de realizar el coito con y sin eyaculación un día muy frío de mediados del invierno. Entenderás claramente lo que dice Peng-Tze: «Una eyaculación en invierno es cien veces más dañina que en primavera.»

5. Quienes reducen significativamente la frecuencia de las eyaculaciones invernales sin reducir los coitos sexuales tienen muchas menos probabilidades de sufrir catarros, gripe, resfriados, «melancolía» invernal y otros síntomas que suelen acompañar al tiempo frío.

6. Además, si ya te sientes «triste», la eyaculación te hará ahondar en tu depresión. En cambio, hacer el amor sin emitir semen es una manera genial de «recuperar el humor».

7. Este mismo principio es válido respecto a la condición física. Cuando un hombre está enfermo, la pérdida de semen sólo agrava su estado, quitándole su mayor fuente de resistencia en el momento que más la necesita. Por

otra parte, el coito disciplinado mitiga muchas enfermedades crónicas, especialmente las relacionadas con los niveles hormonales. Tanto Miles Davis como Mohammad Ali llegaron a estas mismas conclusiones por el método de prueba y error. Tú puedes hacer lo mismo.

Fig. 6.4. *Hombre borracho sintiéndose enfermo y confuso.*

Cada hombre debe determinar su tasa ideal de emisiones. Es importante saber si es apropiado eyacular o no en una situación dada. El calendario puede ayudarte a decidir si es un buen momento. No obstante, una cosa está muy clara: si un hombre está borracho, empachado o enfermo es mejor olvidarse de ese breve espasmo de disfrute y conservar la energía. El texto taoísta *Essentials for Nurturing Life* nos advierte que la eyaculación está estrictamente prohibida para el hombre borracho o empachado. La descarga de semen en momentos así daña al sujeto cien veces más que en condiciones normales y, obviamente, puede producir mareos y dolores agudos.

Dominio de las técnicas de contacto controlado

Todos los regímenes de salud taoístas, incluyendo el control de la eyaculación, abarcan los tres tesoros: esencia (cuerpo), energía (respiración) y espíritu (mente). Estas disciplinas se aplican conjuntamente en un esfuerzo dirigido a un único objetivo. El clásico del Emperador Amarillo dice: «El espíritu dirige la energía, la energía manda sobre la esencia.» El significado de esta declaración es que el verdadero hombre taoísta usa la mente para controlar la respiración, la respiración para controlar la sangre y la sangre para controlar el semen. Porque «cuando la sangre se para, el semen también debe pararse». La eyaculación siempre viene precedida por una aceleración del corazón, lo que nos indica lo importante que es mantener un ritmo cardíaco normal durante el coito. Dado que la respiración controla el ritmo cardíaco, el primer ejercicio para conseguir el control eyaculatorio es practicar una respiración abdominal profunda y rítmica, como si estuviéramos haciendo ejercicios respiratorios. No es necesario aplicar los cierres abdominal y del cuello en cada respiración cuando se está realizando el coito, aunque el cierre anal debería aplicarse frecuentemente. Cada aplicación del cierre anal ayuda a contener el semen, impidiéndole salir.

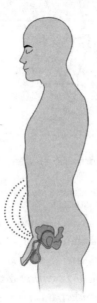

Fig. 6.5. *Respiración abdominal.*

Cuando pierdes la conciencia de la respiración, se te acelera el corazón y eso te pone más cerca de la eyaculación. Hacen falta algunos años de práctica para dominar completamente el control voluntario del cuerpo, de la respiración y de la mente durante el coito sexual. Sin embargo, existen algunos trucos inventados por los antiguos adeptos para ayudar a sus hermanos taoístas a recuperar el control de su semen cuando sienten que están a punto de eyacular. Los más importantes son la «retención» de la respiración y el «cierre» de toda la zona del sacro mediante una intensa contracción del diafragma urogenital. El médico taoísta Lee Tung-hsuan nos habla de esto en *Mysterious Master of the Cave.* Los ejercicios y prácticas de los órganos sexuales estimulan los puntos de reflexología de los órganos y glándulas sexuales ayudando a fortalecerlos. Cuando está a punto de eyacular, el hombre siempre debería retenerse, al menos hasta que la mujer haya alcanzado el orgasmo. Debe retirar un poco el tallo de jade y ponerlo entre las cuerdas del laúd (frenillo y clítoris) y las espigas de trigo (labios menores). Asimismo, el hombre debe cerrar los ojos, pensar en su mente, hacer presión con la lengua contra el paladar, arquear la espalda y estirar el cuello; a continuación, abrirá ampliamente la nariz, cerrará la boca y tomará una respiración profunda. Haciendo esto a tiempo pospondrá la eyaculación.

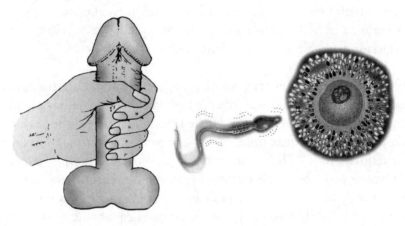

Fig. 6.6. *Masaje del pene con semen y óvulo.*

Práctica del control eyaculatorio

1. Cuando la sensación de llegar al orgasmo sea muy intensa, contrae al máximo el músculo chi inspirando profundamente por la boca.
2. Visualiza el semen volviendo hacia el cuerpo mientras continúas apretando el músculo chi cada vez más. Repite el ciclo, masajeándote hasta que sientas que el impulso de eyacular es inevitable.
3. Cuando estés seguro de que vas a alcanzar el clímax, aprieta el músculo chi con toda la fuerza que puedas inspirando profundamente por la boca. Continúa apretando el músculo pubococcígeo (PB) para evitar la eyaculación.
4. Visualiza que el semen vuelve atrás, contrayendo la espalda hacia el cerebro hasta que desaparezca el apremio de eyacular. Continúa apretando el músculo chi hasta que el impulso eyaculatorio haya desaparecido. Realiza este ejercicio de control eyaculatorio diez veces, asegurándote de no eyacular durante el ejercicio.

5. Si eyaculas, tienes que desarrollar mucho más el músculo chi.

6. Cuando te sientas cansado después de haber hecho de diez a veinte intentos de este ejercicio de control eyaculatorio, sigue realizándolo todas las veces necesarias hasta agotar completamente el músculo chi. Consigue una erección y contrae el músculo chi unas cuantas veces mientras te lo masajeas para asegurarte de que está muy duro.

7. Cuando tengas una erección firme, apriétate ligeramente el tallo del pene, justo debajo del glande. Ahora contrae el músculo chi con toda tu fuerza hasta que palpite; a continuación, relájalo. Cuando contraigas el músculo chi deberías ser capaz de sentir una pulsación en el pene.

8. Continúa haciéndolo una y otra vez hasta perder la erección. Consigue otra erección y vuelve a seguir las instrucciones.

Deberías realizar estos ejercicios a diario o, como mínimo, cuatro días a la semana. Descubrirás que realizándolos cada día mejora el hábito y te sientes, además, más en forma y más potente. Una vez más hemos de insistir en que los ejercicios del músculo del chi son los más importantes que puedes hacer para fortalecer el pene y mantenerlo en forma. Tener un músculo chi fuerte te permitirá experimentar todo un nuevo nivel de éxtasis cuando hagas el amor con tu compañera. Imagina que eres capaz de mantener las erecciones y evitar la eyaculación simplemente contrayendo el músculo chi hasta el punto de cerrar el canal eyaculatorio. Si estás dispuesto a despertar cada mañana con una erección, desarrolla esta habilidad todo el tiempo que desees mientras estás en la cama. Y dirigiendo la energía sexual por la órbita cósmica hacia el cerebro aumenta la producción de hormonas sexuales masculinas que revitalizan el cerebro.

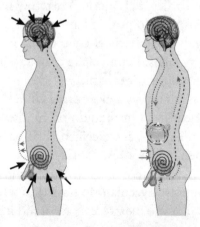

Fig. 6.7. *Control eyaculatorio.*

Ejercicios respiratorios

1. Despeja la mente completamente, apartando de ella preocupaciones, problemas, asuntos de trabajo, escolares, problemas de relación, todo.
2. Inspira por la nariz tan hondamente como puedas. Cuando sientas que has alcanzado la capacidad máxima de tus pulmones, continúa un poco más hasta que ya no puedas inspirar más.
3. Contén el aliento unos pocos segundos y espira lentamente por la boca, tomándote de tres a cuatro segundos para expulsar todo el aire.
4. Practica así todo el tiempo que te sientas capaz de hacerlo; practica a lo largo del día mientras conduces, trabajas, juegas, etc. Te sentirás mucho más alerta. Procura practicar al menos veinte minutos diarios.

Ejercicios para los glúteos

Cuando haces el amor con tu compañera, el 90 por 100 de tu energía y habilidad para penetrarla viene de tu trasero. Este sencillo y fácil ejercicio fortalecerá, tonificará y dará forma a tus glúteos, ofreciéndote máxima capacidad y rendimiento sexual, por no hablar de un mejor aspecto externo. Puedes hacer este ejercicio en cualquier lugar.

1. Ponte de pie con los pies hacia delante y sepáralos aproximadamente la misma anchura que separa los hombros.
2. En esta posición, contrae y tensa los glúteos todo lo que puedas. Mantente así durante diez segundos y relájate. Repítelo cinco veces como calentamiento. Llegado a este punto sentirás una sensación de quemazón en los glúteos; eso es bueno.

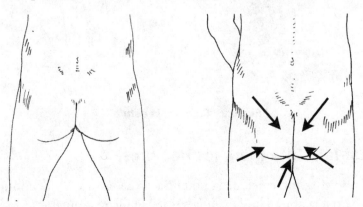

Fig. 6.8. *Apretar los glúteos.*

3. Ahora túmbate en el suelo, de espaldas. Con las manos a los lados, tensa los glúteos al máximo y mantenlos así durante treinta segundos. Cuando los hayas relajado, vuelve a contraerlos rápidamente sin parar hasta que estés tan cansado que no puedas contraerlos más.

4. Debes sentir que la sensación de quemazón se extiende por todos los glúteos; eso es lo que estás tratando de conseguir. Descansa durante treinta segundos y repítelo cinco veces más.

5. A estas alturas debes sentir los glúteos totalmente agotados, pero el ejercicio aún no ha acabado. Ahora contráelos con toda la fuerza que quieras y mantente así. Observa un reloj de pared o tu reloj de pulsera y mantén la contracción durante un minuto, por difícil que te resulte. De aquí vendrá tu fuerza y moldeamiento de este ejercicio concreto. Cuando haya pasado el minuto, sin descansar, contrae y relaja repetidamente los glúteos durante otro minuto. Si puedes, vuelve a repetir este proceso, manteniendo la tensión durante un minuto seguido y contrayendo y relajando durante otro minuto. Procura hacer cuatro series de este ejercicio. Haz lo que puedas de momento, y anota hasta dónde puedes llegar antes de estar completamente agotado. En el plazo de un mes deberías poder hacer tres o cuatro veces lo que haces ahora.

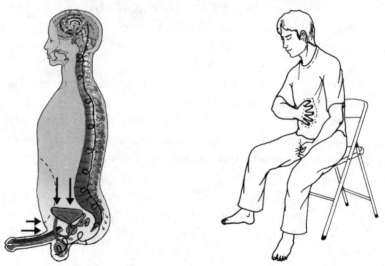

Fig. 6.9. *Calentar la estufa.*

Calentar la estufa (para los hombres)

Este método para incrementar la potencia sexual a veces se denomina *ejercicio del ciervo* debido a la abundante energía sexual de dicho animal.

1. Para realizar el ejercicio ponte de pie en una postura cómoda o siéntate en el borde de una silla.
2. Frótate las palmas hasta que estén calientes.
3. Cúbrete el escroto con una mano y frótate el bajo vientre con la otra, tanto en el sentido de las agujas del reloj como en sentido contrario.
4. Para obtener el máximo beneficio del ejercicio, debes repetirlo de 100 a 300 veces. Cuando se movilice el chi, algunos eructarán o expulsarán gases.

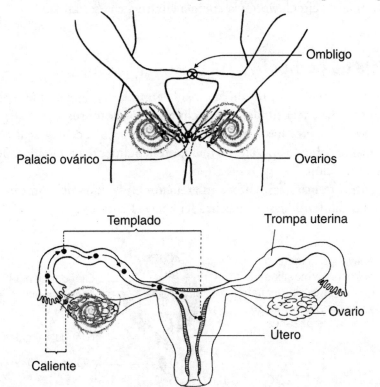

Fig. 6.10. *Masaje de ovarios.*

Masaje de ovarios

El masaje de ovarios es el principal modo de transformar el ciclo menstrual en fuerza de vida. Es una buena manera de distribuir la energía sexual femenina por todo el cuerpo. También regula el ciclo menstrual y equilibra las hormonas.

1. Ponte de pie o siéntate erguida y caliéntate con unos minutos de respiración abdominal profunda. Masajéate las manos vigorosamente hasta que se calienten.

2. Sitúa las manos separadamente sobre los ovarios, en la parte inferior del abdomen, y comienza a masajearte esa zona repitiendo un movimiento circular, en el sentido de las agujas del reloj, un total de 36 veces.

3. Invierte la dirección. A continuación, deja que las manos descansen sobre los ovarios sintiendo la calidez que penetra en la piel y energetiza toda la zona.

4. Acaba con unas pocas contracciones del músculo chi y al menos un minuto de respiraciones profundas. Haz este ejercicio dos o tres veces al día para estimular la circulación y la energía curativa en esas áreas.

Masaje de pechos

1. Siéntate cómodamente con la espalda erguida o ponte de pie separando los pies una distancia similar a la anchura de los hombros.

2. Frótate las manos hasta que se te calienten, apoya el centro de las palmas firmemente sobre los pezones y masajéate lentamente en círculos, 36 veces en cada dirección.

3. Mientras te masajeas, enfoca tu atención en la zona del corazón, sintiendo que las calidez de las palmas irradia hacia el corazón.

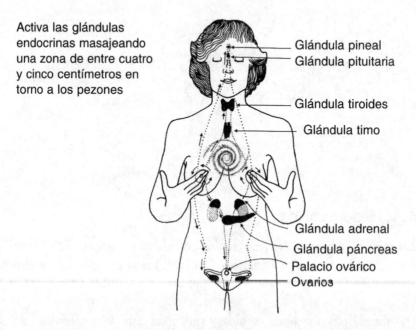

Activa las glándulas endocrinas masajeando una zona de entre cuatro y cinco centímetros en torno a los pezones

Glándula pineal
Glándula pituitaria

Glándula tiroides

Glándula timo

Glándula adrenal
Glándula páncreas
Palacio ovárico
Ovarios

Fig. 6.11. *Masaje de pechos: transformar la sangre en chi.*

Este ejercicio es extremadamente benéfico para la frigidez o la falta de libido porque estimula todo el sistema endocrino. El masaje de pechos debe realizarse diariamente para equilibrar las hormonas y el ciclo menstrual. Es un buen ejercicio para prevenir quistes, tumores y el cáncer de pecho.

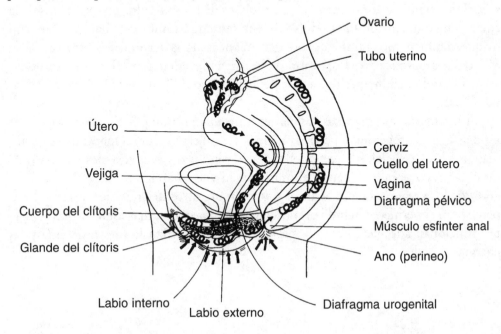

Fig. 6.12. *Respiración ovárica.*

Ejercicio del huevo y levantamiento de pesas vaginal

El uso de un huevo de piedra para fortalecer la vagina es una práctica que se desarrolló en la antigua China. Durante mucho tiempo esta práctica se mantuvo en secreto dentro de los muros del palacio real y sólo se enseñaba a la reina y a las concubinas. Muchas de las mujeres que llegaban a dominar la técnica disfrutaban de buena salud, manteniéndose jóvenes y hermosas, con sus órganos sexuales tan firmes y tersos a edad avanzada como los de una joven casadera. Algunos creen que la reina y las concubinas practicaban esta técnica para agradar al emperador cuando hacían el amor. Pero originalmente el ejercicio del huevo y el levantamiento de pesas vaginal se practicaba para mejorar la salud, tanto física como espiritualmente, ya que estos ejercicios fortalecen el músculo chi, que eleva la energía sexual hacia dentro y hacia arriba, donde se transformará en energía espiritual.

El huevo es un instrumento maravilloso que permite fortalecer y controlar el músculo chi. Resulta más fácil practicar el control de este músculo teniendo un huevo en la vagina porque, a medida que el huevo se mueve, puedes sentir con más precisión en qué dirección se mueve el músculo chi. Controlar este músculo voluntario significa controlar también muchos de los músculos involuntarios de la zona. A medida que dominas el uso de este músculo, tonificas el bajo vientre, con lo que también mejorarán mucho tus prácticas de la respiración ovárica, de la absorción orgásmica y del orgasmo de los órganos; además, el flujo de hormonas sexuales también aumenta (para más detalles, véase el libro *Healing Love,* de Mantak Chia).

El levantamiento de pesas vaginal es un ejercicio muy práctico para fortalecer los diafragmas urogenital y pélvico, además del músculo chi. La fuerza de estos dos diafragmas es esencial, ya que en ellos se apoyan los órganos sexuales y el resto de los órganos corporales. Cuando el músculo chi y los diafragmas están flojos, el chi gotea de los órganos, que se acumulan unos sobre otros dejando descansar todo su peso sobre el perineo. Cuando el músculo chi y los diafragmas están firmes y fuertes, funcionan adecuadamente impidiendo que se pierdan la fuerza de vida y las energías sexuales.

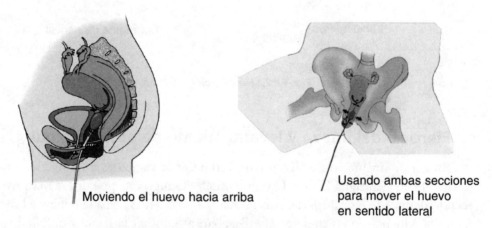

Moviendo el huevo hacia arriba

Usando ambas secciones para mover el huevo en sentido lateral

Fig. 6.13. *Ejercicio del huevo con un huevo.*

Ejercicio del huevo

1. *Inserta el huevo.* Cuando sientas que estás preparada, insértate el huevo en la vagina, introduciéndolo por el lado más alargado.
2. *Alineamiento con la postura del caballo.* Alinea tu cuerpo con esta postura.

3. *Contrae la primera sección de la vagina.* Aísla y contrae los grupos musculares responsables de cerrar el orificio vaginal externo. Esto mantendrá el huevo en el canal vaginal.

4. *Contrae la segunda sección.* Inspira y contrae los músculos del canal vaginal que están inmediatamente delante de la cerviz, de modo que ahora estás contrayendo dos secciones simultáneamente. Mantén ambos puntos cerrados. No hace falta realizar fuertes contracciones musculares. La fuerza requerida depende principalmente del control de los músculos que has ejercitado en los ejercicios ováricos.

5. *Aprieta la tercera sección.* Aprieta ligeramente el huevo desde el centro del canal vaginal hasta que sientas que lo tienes bien agarrado. Inspira y vuelve a apretar, incrementando gradualmente la fuerza; a continuación, vuelve a inspirar y aprieta más fuerte. Cuando sientas que tienes el huevo bien apretado, muévelo lentamente arriba y abajo. Empieza moviéndolo lentamente y aumenta gradualmente la velocidad hasta hacer un movimiento rápido. Cuando te quedes sin respiración, espira y descansa. El periodo de descanso es muy importante. En ese momento es cuando sentirás que el chi se acumula en la zona. Procura dominar cada movimiento antes de pasar al siguiente.

6. *Usa la segunda sección para mover el huevo a derecha e izquierda.* A continuación, mueve el huevo a derecha e izquierda usando la parte superior o segunda sección. Practica hasta que sientas que dominas esta acción.

7. *Usa la primera sección para mover el huevo a derecha e izquierda.* Seguidamente, mueve el huevo a derecha e izquierda desde el fondo o primera sección. Es importante usar la mente junto con los movimientos musculares, ya que no puedes mover el huevo solamente con las contracciones musculares. Dentro del canal vaginal hay muchos músculos involuntarios que la mente y el músculo chi ayudan a mover.

8. *Usa ambas secciones para mover el huevo a izquierda y derecha.* Ahora mueve el huevo a izquierda y derecha como desees, sosteniéndolo con los músculos superiores e inferiores. Domina esta etapa antes de pasar a la siguiente.

9. *Usa ambas secciones para inclinar el huevo.* A continuación, inclina el huevo arriba y abajo, desde la parte superior y desde la inferior. Domina esta acción.

10. *Combina todos los movimientos.* Combina todos estos movimientos desplazando el huevo a derecha e izquierda, inclinándolo arriba y abajo, moviéndolo hasta tocar la cerviz y haciéndolo bajar hasta el orificio vaginal externo. Descansa. Durante todo el ejercicio del huevo, el área del canal vaginal frente a la cerviz que conecta con la glándula pineal y el orificio externo deben permanecer apretados hasta que hayas dejado de mover el huevo.

Este ejercicio específico debe practicarse dos o tres veces por semana. Puedes practicar este mismo ejercicio diariamente sin insertarte el huevo: sigue los mismos pasos y usa la fuerza contráctil de los músculos vaginales para chupar un huevo imaginario moviéndolo arriba y abajo, a izquierda y derecha.

Para facilitar tu progreso debes empezar usando un huevo de menor tamaño. Más adelante, puedes usar huevos más grandes para determinar cuánto has progresado en tu capacidad «succionadora». Finalmente, llegarás a dominar tanto esta práctica que podrás absorber el huevo desde el exterior como si tuvieras una aspiradora. Esta capacidad de absorción facilita el parto y potencia las experiencias sexuales. Imagina el intenso placer de tu amante al descubrir tu tercera mano cuando le hagas una demostración de tu fuerza y habilidad.

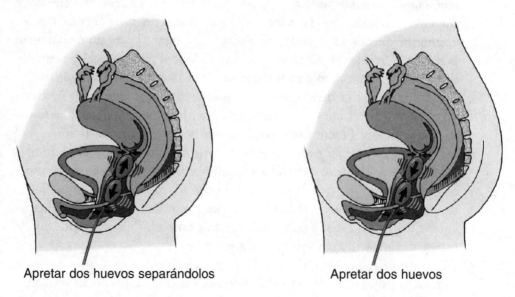

Apretar dos huevos separándolos   Apretar dos huevos

Fig. 6.14. *Ejercicio del huevo con dos huevos.*

Levantamiento de pesas chi

Ata el cordel a un peso. Después de haber pasado el cordel por el huevo, sujetándolo por su extremo alargado, átalo a un peso (para empezar puedes usar un plomo de pescar). También puedes poner el peso dentro de una bolsa atada al cordel. Se puede empezar usando la bolsa sin peso y después añadirle peso progresivamente. Puedes poner una silla delante de ti y apoyar el peso en ella o puedes poner el peso en el suelo y agacharte para facilitar la inserción del huevo (acuérdate de sostener el peso con los dedos).

Inserción del huevo. Después de haberte masajeado los pechos y la zona vaginal de la manera prescrita, arrodíllate cerca de donde descansa el peso e insértate el huevo en la vagina, introduciéndolo por el extremo más alargado (usa lubricante si fuera necesario). Cierra la vagina, contrayendo los músculos que rodean al huevo para sostenerlo.

Balancear el peso. El balanceo del peso permite a la mujer controlar la presión que se ejerce sobre las ingles, por eso se recomiendan pesos ligeros. Para soportar el peso se hace uso del chi de las fascias que conectan el perineo con los riñones. Balancea suavemente al principio hasta determinar la cantidad de presión que te resulta cómoda.

Inspira contrayendo el ano y el perineo. Balancea el peso de 36 a 49 veces. Sincroniza la respiración con cada balanceo. Inspira mientras el peso se balancea hacia atrás y espira mientras se balancea hacia delante. Trata de elevar el peso internamente mientras se balancea hacia delante, dirigiendo la energía primero al cóccix, después al sacro y finalmente elévala hasta la glándula pineal, en la coronilla. Cada balanceo completo hacia delante y hacia atrás debería durar aproximadamente un segundo.

Al cabo de una semana, durante el balanceo, prolonga la cuenta hasta sesenta. Cuando se balancean pesos pesados, el músculo chi tiene que hacer más fuerza, pero es aconsejable incrementar la presión trabajando con pesos más ligeros y aumentando la amplitud del balanceo. Los pesos más ligeros deberían usarse al máximo de su potencial, fortaleciendo así el músculo chi y produciendo más hormonas.

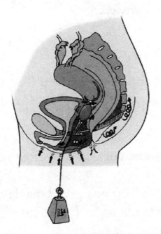
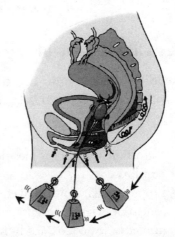

Levantamiento de pesas vaginal   Levantamiento de pesas vaginal con balanceo

Fig. 6.15. *Levantamiento de pesas chi.*

Ejercicios sexuales físicos

Los ejercicios sexuales físicos son distintos de tu tabla de ejercicios habitual, aunque la mayoría de ellos serían adecuados para practicarlos en tu gimnasio o en tu club deportivo. Estos ejercicios se centran fundamentalmente en los órganos sexuales y la pelvis. Tal como sucede cuando se practica cualquier otro ejercicio, la fuerza de esta zona aumentará drásticamente con la práctica. Esto beneficia la totalidad del cuerpo, incluyendo la mente y las emociones, pues la salud sexual revitaliza la totalidad del individuo.

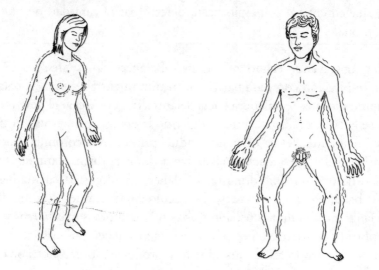

Fig. 6.16. *Mujer y hombre vibrando.*

Sacudir los testículos y los pechos

Sacudir el cuerpo es una manera fantástica de abrir los meridianos. Sacudir distintas partes del cuerpo activa la circulación y libera tensiones. Este ejercicio debe practicarse desnudo o con ropa suelta.

1. La distancia entre los pies debe ser un poco mayor que la existente entre los hombros.
2. Empieza a dar botes suavemente como si tuvieras una gran bola de chi en el centro del vientre. Siente cómo se van soltando todas las articulaciones: las muñecas, los codos, los hombros, las caderas y la columna.
3. En el caso de los hombres, esto debería hacer que los testículos se movieran libremente arriba y abajo.

4. En el caso de las mujeres, los saltos deben hacer que sus pechos reboten. Siente los órganos sexuales sueltos y relajados.

Continúa así durante al menos dos minutos y ve prolongando el tiempo a medida que aumente tu vigor. En el caso de los hombres, este ejercicio estimula fuertemente los testículos, el pene y la próstata. En el caso de las mujeres, estimula los ovarios y potencia la circulación sanguínea hacia el centro sexual.

Dibujar espirales con la cadera y el cóccix (para hombres y mujeres)

Este ejercicio se realiza en una postura abierta, con las manos apoyadas en las caderas. Respira plena y profundamente, sin relacionar la respiración con ningún movimiento específico.

1. Traza una espiral con el cóccix y el sacro separados de las caderas, comenzando en el sentido de las agujas del reloj y extendiendo las caderas hacia delante y hacia atrás todo lo lejos que puedas.
2. Invierte la dirección. Deja que el movimiento sea libre y relajado, sintiendo que las articulaciones de las caderas se sueltan y estiran.

Este ejercicio relaja y fortalece el cóccix, las caderas y la parte baja de la espalda, permitiendo al sacro una mayor amplitud de movimiento y un aumento de la circulación en el centro sexual. Dibujar espirales con el cóccix estimula y estira las fibras nerviosas de la región sacra, activando las hormonas de los testículos, ovarios, útero y otras glándulas sacras. Como dicen los taoístas, los genitales se quedan pegados en el sacro. Haciendo espirales con las caderas abres esta zona y liberas los genitales.

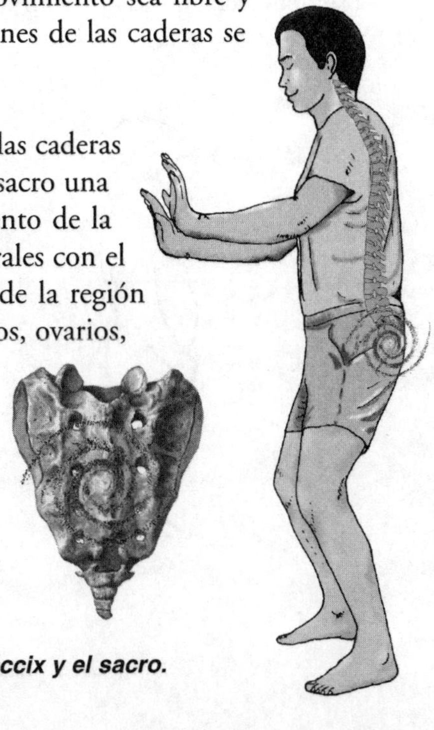

Fig. 6.17. *Dibujar espirales dentro del cóccix y el sacro.*

Método secreto taoísta para orinar (para hombres y mujeres)

Otro ejercicio que fortalece enormemente el músculo chi es el de orinar. La práctica de este ejercicio también está destinada a fortalecer los riñones, que, según la medicina china, son los órganos que regulan la función sexual. Por tanto, para potenciar el poder sexual es muy importante fortalecer los riñones. Este ejercicio ayuda a curar la eyaculación precoz y la impotencia cuando se practica durante algún tiempo. Es un ejercicio simple que consiste en detener el flujo de orina contrayendo el músculo PC durante la micción.

1. Cuando tengas la vejiga llena, comienza a orinar normalmente; después contrae el músculo chi, deteniendo el flujo de orina.
2. A continuación espira, presionando el bajo vientre y sintiendo la presión sobre la vejiga. Seguidamente empieza a orinar y contrae el músculo chi.
3. Retén durante aproximadamente tres segundos y vuelve a orinar. Mientras haces el ejercicio, ponte de puntillas sobre los dedos de los pies y desciende sobre los talones de tres a cinco veces.
4. Hacer este ejercicio unas cuantas veces al día fortalece enormemente el diafragma inferior, todos los tendones y la energía sexual.

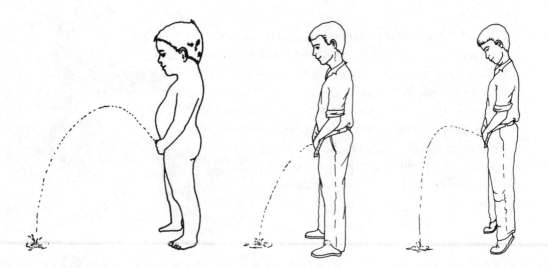

Fig. 6.18. *Método taoísta de orinar.*

Práctica al sol (para hombres y mujeres)

Desnudarse al sol es una práctica maravillosa para energetizar todo el cuerpo. Según los maestros taoístas, nuestro cuerpo puede absorber energía de la naturaleza. Por eso nos sentimos mucho más vivos en la playa, en el bosque o cerca de un lago. Piensa en el lugar donde acostumbras a pasar las vacaciones. Probablemente será un lugar natural o cercano a la naturaleza debido a la abundancia de energía que encontramos en los parajes naturales.

Un ejercicio taoísta muy energetizante consiste en absorber los rayos del sol a través de los genitales. Encuentra un lugar de tu jardín donde brille el sol; también puede ser un lugar dentro de tu casa donde el sol entre por la ventana. Ponte de pie o siéntate cómodamente dejando que los rayos del sol te acaricien los genitales. Siente que la calidez energetiza y relaja la zona pélvica. Respira profundamente hacia el bajo vientre. Es mejor tomar el sol por la mañana o a última hora de la tarde que a mediodía, porque a esa hora (de 11.00 a 1.00) suele ser demasiado fuerte. Basta con practicar cinco o diez minutos (el ejercicio no debería prolongarse mucho más). No es nada divertido quemarse las partes del cuerpo que no están acostumbradas al sol, de modo que ten cuidado.

Fig. 6.19. *Práctica al sol.*

Reflexología sexual y características físicas

El estudio de la reflexología sexual y de las características físicas de las personas te ayudará a determinar su potencial sexual y la compatibilidad entre ellas. La reflexología sexual nos permite evaluar los niveles de energía interna de un individuo, así como el tamaño y forma de sus órganos sexuales. Han de observarse y combinarse diversas características externas, empezando con la apariencia física de la cara y continuando con otros rasgos corporales como el pelo, el cuello, los dedos y manos, así como el color y la estructura del cuerpo. Y el capítulo 8 ayuda a revelar los puntos fuertes y débiles de la persona, así como la compatibilidad entre los miembros de una pareja.

Todos los rasgos corporales externos ayudan a determinar la compatibilidad sexual entre dos personas y también la energía interna de cada una. No obstante, es importante recordar que esto sólo son rasgos generales y que es necesario tener en cuenta muchos factores antes de poder evaluar con precisión las capacidades de otra persona. Con la práctica se llega a adquirir la capacidad de reconocer las inclinaciones y capacidades sexuales de los demás, pero al principio las recomendaciones de este libro son meras sugerencias.

Rasgos físicos

Los taoístas usan frases poéticas para describir la belleza y sacralidad, tanto del cuerpo como de los órganos sexuales. Los términos empleados demuestran la reverencia que sienten por los órganos sexuales y por el cuerpo mismo. En Occidente suele hablarse de la sexualidad en tono despectivo, indicando que los órganos sexuales son algo sucio y degradante. Esta actitud crea una serie de problemas emocionales en torno a nuestra naturaleza sexual y a las relaciones en general. Si empezamos a considerar nuestra propia energía sexual y nuestros órganos sexuales como algo sagrado, como una fuente de energía vital, experimentaremos una gran satisfacción con los demás y con nosotros mismos.

Veamos una lista de términos taoístas referidos a nuestros órganos sexuales:

Vagina   Palacio oculto
                Valle de soledad
                Palacio celestial

REFLEXOLOGÍA SEXUAL Y CARACTERÍSTICAS FÍSICAS

	Sendero del yin
	Cueva de cinabrio
	Cueva bermellón
Pechos	Campanas del amor
Pene	Tallo de jade
	Pico yang
	Embajador
Testículos	Perlas del dragón
Coito	Perla preciosa
	Alubia yin
	Terraza de jade
Cunnilingus	Sorber del vasto manantial
Fellatio	Tocar la flauta
Orgasmo	Marea alta

RASGOS FACIALES

Labios

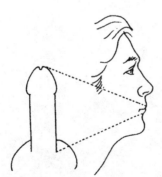
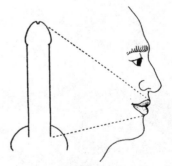

Unos labios pequeños
y finos indican un pene pequeño

Los labios anchos
y gruesos indican un pene grande

Fig. 7.1. *Tamaño de los labios.*

Para algunos hombres, los labios de la mujer son uno de sus rasgos físicos más atractivos. Se dice que si una mujer se gana el afecto de su amante con los ojos, ése es un amor intelectual; pero cuando ella gana el afecto del hombre con sus labios, la relación es apasionada. De modo que los ojos indican una orientación más intelectual, mientras que los labios indican una orientación más emocional. Además, aunque se dice que el hombre o la mujer puede usar los ojos para seducir a su pareja, son los labios los que determinan la naturaleza de la relación.

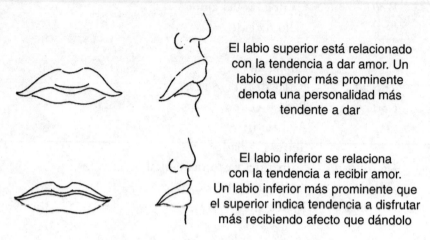

El labio superior está relacionado con la tendencia a dar amor. Un labio superior más prominente denota una personalidad más tendente a dar

El labio inferior se relaciona con la tendencia a recibir amor. Un labio inferior más prominente que el superior indica tendencia a disfrutar más recibiendo afecto que dándolo

Fig. 7.2. *Tamaño y forma de los labios.*

La forma de los labios revela la salud corporal. Unos labios plenos, tanto si son grandes como pequeños, con un perfil curvado y simétrico y que no estén caídos

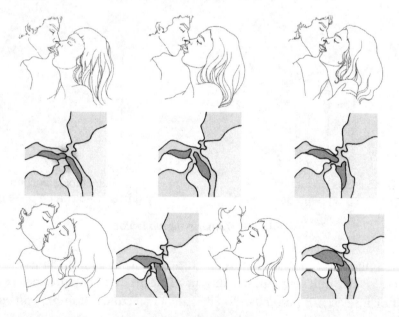

Fig. 7.3. *«Beso francés».*

ni aflojados, revelan unos órganos sanos y fuertes y abundante energía sexual. Cuando el labio superior se arquea hacia arriba y el inferior se dobla hacia abajo, creando una pequeña hendidura bajo el labio inferior, esto indica armonía entre los músculos anulares y los órganos internos.

Los besos eróticos en los que participan los labios y la lengua son parte del juego amoroso. Cuando las parejas se besan con las lenguas se dan lo que suele denominarse un «beso del alma» o «beso francés»; la lengua refleja directamente y conecta los corazones, mientras que los labios dan y reciben afecto mutuamente. Además, los canales funcional y gobernador de cada persona están conectados con los labios y la lengua haciendo, como comentábamos antes, que el circuito energético se cierre completamente cuando la pareja se besa.

1. Se cree que el labio superior está relacionado con la tendencia a dar amor, mientras que el inferior se relaciona con la disposición a recibir amor. Una persona con un labio superior más prominente acostumbra a ser más activa a la hora de dar afecto, mientras que una persona con un labio inferior más pleno y prominente probablemente disfrutará más recibiendo afecto que dándolo.

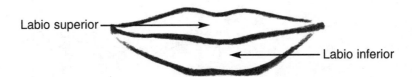

Labio superior

Labio inferior

Fig. 7.4. *Labios superior e inferior.*

2. Un hombre o mujer cuyo labio inferior sea más sensible al contacto generalmente se enamorará primero y preferirá disfrutar del sexo antes de implicarse en una relación intelectual con su amante.
3. Para estimular eficazmente al compañero o compañera los labios deben estar húmedos. Uno de los signos de que la persona, sea hombre o mujer, está excitada sexualmente es que se pasa la lengua por los labios, indicando que está preparado(a) para iniciar el encuentro. En los textos clásicos a esto se le denomina «preparar el campo para ser arado».
4. Se considera que la boca y los genitales son polos opuestos del cuerpo y, como tales, se reflejan mutuamente. Así, el hecho de que una persona hable sin parar indica que está frustrada sexualmente y que canaliza la energía a través de la conversación en lugar de la expresión sexual.

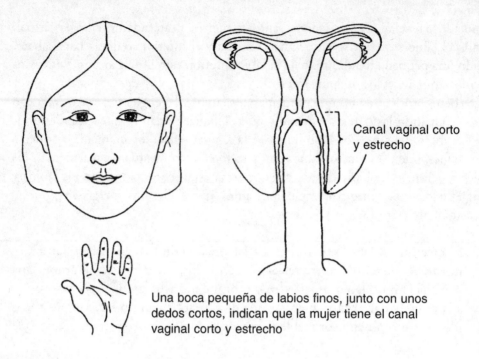

Canal vaginal corto
y estrecho

Una boca pequeña de labios finos, junto con unos
dedos cortos, indican que la mujer tiene el canal
vaginal corto y estrecho

Fig. 7.5. *Forma y tamaño del canal vaginal.*

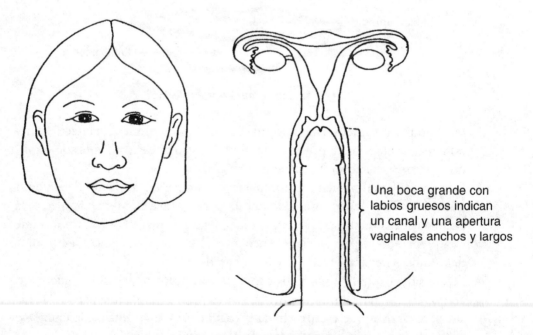

Una boca grande con
labios gruesos indican
un canal y una apertura
vaginales anchos y largos

Fig. 7.6. *Canal vaginal largo.*

5. Una boca grande indica que la persona tiene tendencia a gritar durante el orgasmo y posee mucha capacidad sexual.

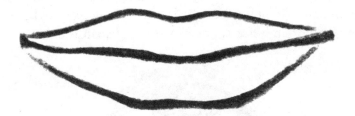

Fig. 7.7. *Boca grande.*

Ojos

Existe una fuerte conexión entre los ojos y el centro sexual. Los músculos circulares de los ojos guardan correlación con los músculos circulares del diafragma urogenital. Un guiño entre los miembros de una pareja, por ejemplo, afecta a los músculos anulares que rodean los órganos sexuales; de ahí el significado erótico que la sabiduría popular atribuye a los guiños. Los guiños suaves activan la energía sexual.

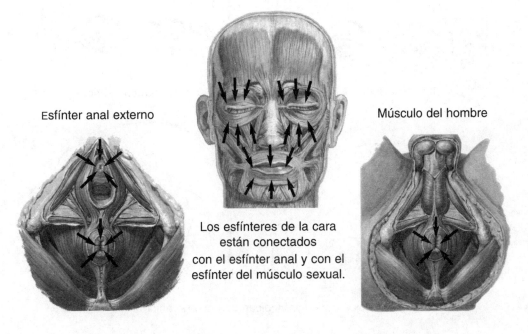

Esfínter anal externo

Músculo del hombre

Los esfínteres de la cara están conectados con el esfínter anal y con el esfínter del músculo sexual.

Fig. 7.8. *Músculos anulares de los ojos y de los órganos sexuales.*

En la medicina china se considera que los ojos son las ventanas al alma de la persona y están conectados físicamente con el hígado. Pueden usarse para hacer un diagnóstico de los desórdenes internos, pero también son los vehículos que permiten detectar el amor y el potencial sexual. Éstas son algunas de las señales de conducta sexual que pueden leerse en los ojos según el análisis chino:

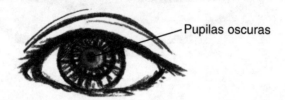

Pupilas oscuras

Fig. 7.9. *Pupilas oscuras.*

Mujer　　　　　　　　　　　　　　　　　　　　　　**Hombre**

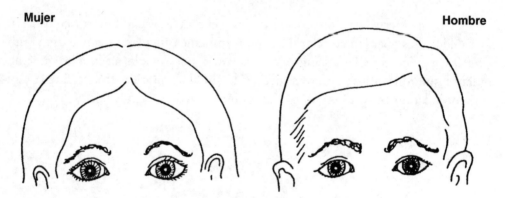

Los ojos grandes indican que el individuo es un amante superior

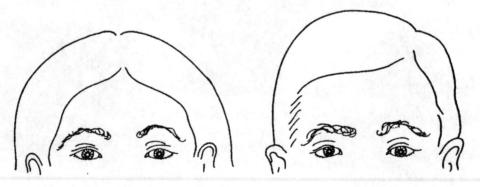

Los ojos pequeños indican una mente racional

Fig. 7.10. *Tamaño de los ojos.*

1. Las pupilas oscuras indican que la persona es muy apasionada
2. Si los ojos de una mujer tienen una apariencia pacífica, y la córnea o parte blanca tiene un tono ligeramente rojizo (quizá rosado, pero no de color rojo sangre), la mujer es apasionada y tiene abundante energía sexual, buena circulación sanguínea y los órganos internos sanos. Además, la vagina de la mujer será cálida debido a su pasión y a sus deseos sexuales.
3. Según la sexología china, el individuo con los ojos grandes es mejor amante. Como los ojos son un órgano de expresión, pueden transmitir sentimientos y comunicar mejor que las palabras.

   a) Si el hombre tiene los ojos grandes, los chinos le consideran un experto en asuntos amorosos porque se implica emocionalmente en la sexualidad. Por otra parte, un hombre con los ojos pequeños es más racional e intelectual a la hora de tratar con las mujeres y con el sexo.
   b) Las mujeres con ojos grandes suelen ser más expresivas y abiertas. Es posible que esto también las haga más receptivas a los avances de los hombres. Un proverbio chino dice: «Una dama de ojos grandes no puede ser mala compañera sexual.» Como los ojos son las ventanas del alma, los ojos grandes indican amor a la vida, acción y pasión.

Cejas

Según la sexualidad taoísta china, las cejas expresan nuestros sentimientos internos y nuestra personalidad y sexualidad internas. Las cejas son muy expresivas, especialmente en las mujeres, y suelen revelar su estado emocional.

Observa la naturaleza o el estado de las cejas en distintas situaciones: alteradas, temerosas, sorprendidas, etc. Percibe cómo reflejan el estado emocional de la persona: por ejemplo, unas cejas expandidas indican dolor o preocupación; una cejas «voladoras y bailarinas» indican alegría y excitación, y las cejas pequeñas y estrechas indican dolor o tristeza.

Así como en Occidente decimos «poner ojos para alguien», en Oriente la expresión es «poner ojos y cejas para alguien». Observa retratos de los personajes del teatro chino y japonés (por ejemplo, el teatro kabuki) y comprobarás que su elaborado maquillaje resalta de manera especial los ojos y las cejas. Las mujeres modernas también se maquillan los ojos y las cejas, y muchas de ellas se depilan las cejas para darles una forma nítida. La industria cosmética occidental les provee de todo tipo de productos de maquillaje: línea de ojos, sombra de ojos, pinceles para las cejas, rizadores de pestañas, etc. Tienen a su disposición todos los colores, brillos y destellos imaginables. Esto nos demuestra que los ojos y las cejas son actualmente, como en el pasado, importantes exponentes del amor y la atracción.

Tanto las mujeres orientales como las occidentales consideran la observación de los ojos de los hombres un prerrequisito para estar con ellos. Expresiones como «tiene los ojos sonrientes», «tiene ojos lascivos» o «sus ojos me traspasan» son habituales durante el cortejo. Si las cejas del hombre tienen forma de luna creciente, su orientación sexual es más determinante que su orientación intelectual.

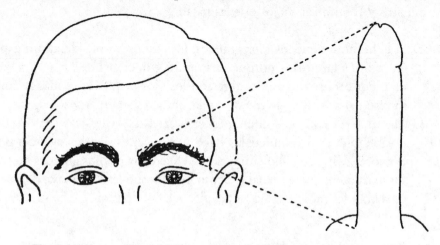

Fig. 7.11. *Las cejas pobladas y largas indican un pene fuerte y largo.*

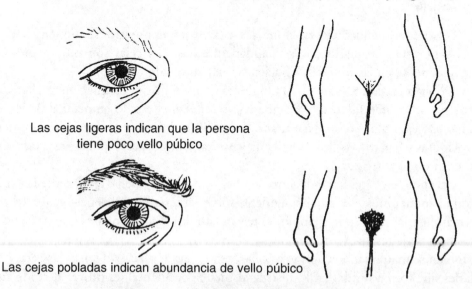

Las cejas ligeras indican que la persona tiene poco vello púbico

Las cejas pobladas indican abundancia de vello púbico

Fig. 7.12. *Forma y grosor de las cejas.*

Espacio entre las cejas

El espacio entre las cejas indica el nivel de consciencia. Debería ser lo suficientemente ancho como para que otro ojo quepa en él. A medida que envejecemos, este espacio se va ensanchando como para acomodar ese tercer ojo, indicando que la persona se está haciendo más sabia y tolerante. Este espacio entre las cejas, correspondiente al tercer ojo (o glándula pituitaria), también guarda correspondencia con los órganos sexuales. El espacio que separa las cejas tiene una anchura media de entre dedo y medio y dos dedos. Cuando este espacio es más ancho indica, tanto en el caso de los hombres como en el de las mujeres, un fuerte instinto sexual.

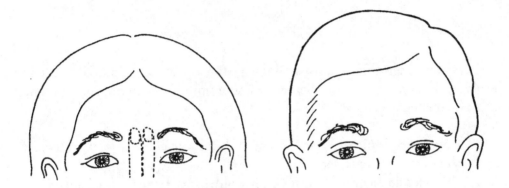

Fig. 7.13. *Cuando el espacio que separa las cejas supera la anchura de dos dedos, indica un fuerte apetito sexual. En el caso de las mujeres, un espacio ancho también indica una vagina ancha.*

Dientes

Según los antiguos médicos taoístas, el proceso de envejecimiento comienza con el declinar de la energía de los riñones y de los órganos sexuales, y produce problemas visuales y dentales, receso de las encías, falta de flexibilidad de la columna y disminución de la potencia sexual.

Se cree que los incisivos, o «huesos frontales» en la medicina china, están asociados con los riñones. Como los riñones son responsables de nuestra fuerza o potencia sexual, podemos concluir que los incisivos indican el potencial sexual de la persona. El meridiano del estómago también se refleja en los incisivos superiores. Esto es significativo porque el estómago y el bazo, juntos, reciben el nombre de «océano de alimento», pues alimentan a todos los demás órganos; en definitiva, a la totalidad del cuerpo.

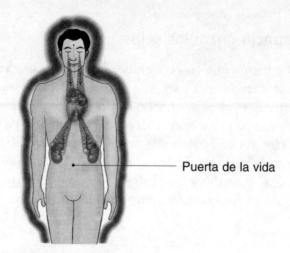

Puerta de la vida

Fig. 7.14. *Punto del riñón: puerta de la vida.*

Debemos observar los incisivos, caninos y molares desde el punto de vista de la sexología. El tamaño de estos dientes es importante para determinar el potencial sexual de una persona.

1. La persona de dientes grandes tendrá abundante pelo corporal. Será apasionada y sexualmente agresiva.
2. La mujer de dientes pequeños y bien ordenados tendrá unos genitales fuertes y bellamente dispuestos, y en el encuentro sexual será muy satisfactoria para su compañero.
3. Un hombre con una buena dentadura generalmente tiene unos riñones fuertes y, consecuentemente, abundante energía sexual.

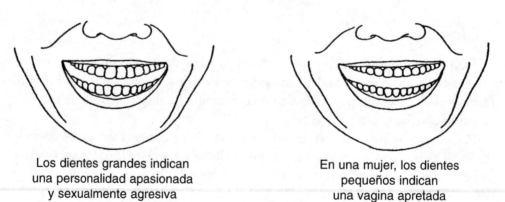

Los dientes grandes indican una personalidad apasionada y sexualmente agresiva

En una mujer, los dientes pequeños indican una vagina apretada

Fig. 7.15. *Tamaño de los dientes.*

Perfiles mandibulares

Una mandíbula fuerte y bien definida indica un fuerte potencial sexual, tanto en el hombre como en la mujer. Una persona con un perfil mandibular poco definido (por ejemplo, doble o triple mentón), sin perfil mandibular o con la mandíbula débil posee un potencial sexual menor.

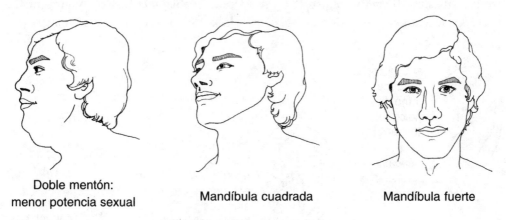

Doble mentón:
menor potencia sexual

Mandíbula cuadrada

Mandíbula fuerte

Fig. 7.16. *Perfiles mandibulares.*

Mejillas

Para la mujer, las mejillas son el rasgo más importante, el que más dice de su sexualidad después de los labios de la cara. Besarle los labios está a sólo unos segundos de besarle las mejillas. Según la fisonomía china, las mejillas reflejan los riñones. Cuando la parte inferior de la cara y las mejillas de la mujer son anchas, plenas y musculosas (firmes, no flojas), la mujer tiene una fuerte energía sexual.

Fig. 7.17. *Tamaño de las mejillas.*

Orejas

Las orejas son unos apéndices sexualmente significativos, especialmente para las mujeres. Estudiando las orejas de una mujer, el hombre podrá determinar simultáneamente la posición de su vagina, su forma y tamaño, además de otros aspectos de su personalidad. La mujer, por su parte, viendo las orejas del hombre puede determinar su salud, fuerza y robustez. También podrá saber si el hombre vivirá mucho tiempo, si será rico, etc., todo ello observando la forma y color de sus orejas.

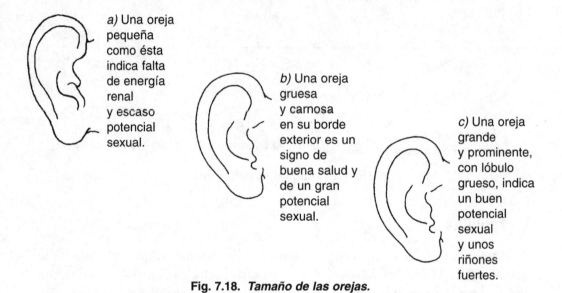

a) Una oreja pequeña como ésta indica falta de energía renal y escaso potencial sexual.

b) Una oreja gruesa y carnosa en su borde exterior es un signo de buena salud y de un gran potencial sexual.

c) Una oreja grande y prominente, con lóbulo grueso, indica un buen potencial sexual y unos riñones fuertes.

Fig. 7.18. *Tamaño de las orejas.*

La oreja ideal es la que es gruesa y carnosa en toda su circunferencia. El color de una oreja sana es rosa y tiene un aspecto ligeramente transparente. Esto es señal de buena salud e indica un fuerte potencial sexual. Si la mujer es tímida y sus orejas se sonrojan, esto también indica buena salud. El aspecto transparente de las orejas indica salud, una personalidad cálida y buen potencial sexual, especialmente si enrojecen más que el resto de la piel en momentos de vergüenza o excitación sexual.

Si las orejas del hombre se sonrojan más que la cara, esto indica un gran potencial sexual. Las orejas grandes y con lóbulos gruesos que sobresalen de la cabeza también indican buen potencial sexual, así como unos riñones fuertes y una constitución robusta. El hombre dispondrá de abundante chi del riñón.

Una persona con unas orejas más pequeñas y finas tendrá deficiencia de energía del riñón y un potencial sexual menor.

Trasero

Un trasero con una pronunciada curva hacia abajo indica un gran apetito sexual.

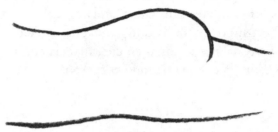

Un gran trasero indica que la mujer es fuerte y sana, una buena esposa y madre.

Un trasero puntiagudo indica escaso apetito sexual.

Un trasero pequeño y redondeado hacia arriba y hacia abajo indica apetito sexual medio.

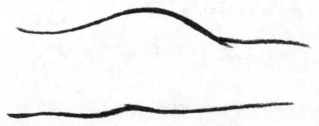

Fig. 7.19. *Tamaño y forma del trasero.*

Nariz

Siendo un órgano respiratorio, la función de la nariz es crucial para que el cuerpo rebose salud. Las fosas nasales pueden activar todos los esfínteres (músculos anulares) del cuerpo. Por ejemplo, cuando un individuo sano está excitado sexualmente, las fosas nasales se abren en consonancia con la respiración. Esto activa la energía de todo el cuerpo.

Fig. 7.20. *Una nariz larga indica un pene largo.*

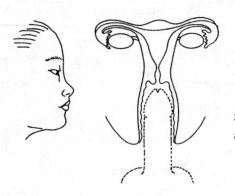

1. Una mujer de nariz pequeña es cálida y es capaz de tener muchos compañeros sexuales.

Si la nariz es pequeña y plana, la vagina será ancha y tendrá el canal corto.

Fig. 7.21. *Tamaño de la nariz.*

2. La mujer con una nariz fina, estrecha, de línea afilada y acabada en punta es más nerviosa, más sensible, se enfada con facilidad y puede tener una personalidad errática.

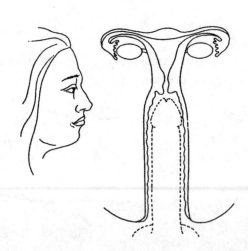

Si la nariz es larga, indica una vagina profunda y tubular.

Fig. 7.22. *Tamaño de la nariz.*

3. Es probable que la mujer con una nariz ancha y plana sea más tranquila, más doméstica y dependiente.
4. Una mujer con la nariz en forma de pico o gancho está llena de energía; será sexualmente agresiva y posiblemente de naturaleza fiera.
5. Una mujer con la base de la nariz hundida o deprimida es muy agresiva y emocional.

La nariz pequeña
indica
una personalidad
cálida

La nariz plana
y ancha indica
una personalidad
tranquila,
doméstica
y dependiente

Fig. 7.23. *Forma y tamaño de la nariz.*

La nariz con forma
de pico o gancho
es propia
de una personalidad
enérgica
y a menudo
sexualmente agresiva

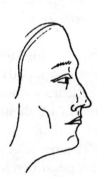

La nariz fina,
delgada
y huesuda indica
una personalidad
sensible,
más nerviosa y a
menudo errática

Fig. 7.24. *Forma y tamaño de la nariz.*

En resumen: rasgos faciales del hombre

1. Los labios anchos y gruesos indican un pene de mayor tamaño.
2. Los labios finos indican un pene de menor tamaño.
3. Una nariz gruesa y plana indica un pene grueso.
4. Una nariz larga indica un pene largo.
5. Los ojos profundos y con párpados finos indican un pene largo.

6. Unas cejas pobladas y largas indican un pene largo y fuerte.

7. Si la zona de la caracola de la oreja, lo que los taoístas denominan el «surco de la oreja», es profunda, indica que el hombre tiene un pene fuerte y de buen tamaño.

8. Un cuello largo y grueso en un hombre indica un pene muy poderoso y grueso.

En resumen: rasgos faciales de la mujer

> Entramos en este mundo por los portales de la puerta de jade y, una vez nacidos, siempre tratamos de retornar. Esta verdad eterna contiene un mensaje: la alegría y el vigor del hombre vienen del lugar donde fue creado.
>
> *Poema anónimo de la dinastía Ming*

1. Si la mujer tiene la boca estrecha y los labios finos, posee un canal vaginal corto y estrecho. A la inversa, una mujer con una boca grande y ancha tendrá una vagina grande, larga y ancha.

2. Si la mujer tiene los labios gruesos, su canal vaginal será ancho en la entrada y grande.

3. Si la mujer tiene los labios prominentes, su vagina es elástica y puede expandirse para acomodar un pene de mayor tamaño. Se dice que tiene una vagina elástica y «móvil», que estará abundantemente lubricada.

4. Una mujer con los dientes pequeños y bellamente dispuestos también tendrá unos genitales fuertes y bien dispuestos. Su vagina puede acomodar perfectamente el pene ejerciendo la presión justa, sin dejar espacios vacíos y permitiendo el máximo contacto y fricción para producir el máximo placer.

5. Si tiene la nariz pequeña y plana, la mujer tendrá la vagina ancha pero el canal corto.

6. Una nariz larga indica una vagina profunda y tubular.

7. Si la mujer tiene el mentón fuerte, una mandíbula sin excesos y aspecto musculoso, esto refleja un sistema genital fuerte, hermosamente dispuesto, y una vagina tensa y musculosa. Recuerda que la fuerza y proporcionalidad del cuerpo reflejan el tamaño y forma de los genitales.

8. Una mujer con un rostro delgado y unas mejillas musculosas tendrá unas paredes vaginales fuertes y musculosas.

9. Los hoyuelos indican un vagina pequeña y corta, aunque con capacidad de

expansión. Este tipo de vagina puede expandirse para acomodar un pene de mayor tamaño.

10. Los ojos prominentes indican un canal vaginal corto.

11. En la mujer, el hecho de nacer corta de vista indica un canal vaginal corto.

12. Si la mujer tiene los ojos profundos, eso indica que su canal vaginal es profundo o alargado.

13. Si tiene los ojos húmedos o brillantes, eso significa que tiene abundante lubricación vaginal. Si tiene los ojos secos, significa que tiene menos lubricación vaginal, es decir, que tiene la vagina más seca.

14. Unas cejas pobladas, largas y con forma de media luna revelan una vagina sana y fuerte, con un canal largo. Asimismo, cuando la mujer tiene el periodo, sus pelos de las cejas estarán más erizados de lo normal.

15. Unas cejas poco pobladas en la mujer indican que tiene poco vello púbico. Si tiene las cejas más pobladas, tendrá más vello púbico.

16. En la mujer, un amplio espacio entre las cejas indica que tiene la vagina ancha. Se observará que, cuando la mujer está excitada sexualmente, este espacio es más ancho de lo normal.

17. La forma del «surco» de la oreja de una mujer (en el área de la caracola) se corresponde con la forma y el tamaño de la vagina. Un surco profundo indica buena salud y una vagina fuerte.

Masaje facial

Masajearse la cara puede ser muy entretenido y relajante. Activar la energía de la cara activa la energía del centro sexual. Recuerda que la cara y el centro sexual están conectados a través de los músculos anulares, y que cuando se estimula una, también se estimula el otro. Percibe todas tus expresiones faciales cuando estés excitado sexualmente. Cuando se estimula el centro sexual, la expresión facial cambia y refleja esa excitación. Ahora bien, lo contrario también es cierto. La estimulación de la cara puede ser muy erótica y estimulante para el centro sexual. Haz que tu compañera o compañero se ponga en tu regazo o se siente entre tus piernas para poder masajearle la cara con facilidad. No se requieren técnicas formales, tan solo buena intención y un toque suave. Comienza por explorar la cara de tu compañero o compañera con un toque ligero. Masajéale alrededor de los ojos, la frente, las mejillas y alrededor de los labios. Siente la cualidad única de su rostro. Besar el rostro es otra manera de abrir la conexión entre la cara y el centro sexual. Besar suavemente las mejillas, la frente, los ojos y la nariz es muy sensual y estimulante.

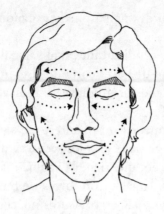

Fig. 7.25. *Masaje facial.*

Manos y dedos

En la reflexología china, el dedo medio o corazón se considera el más importante para el hombre, mientras que el dedo pequeño o meñique es el más relevan-
te para la sexualidad de la mujer. Se cree que un hombre con un dedo corazón fuerte,
tiene una sexualidad fuerte, mientras que en la mujer hay una estrecha relación
entre el tamaño y forma de su dedo meñique y su energía sexual. Si la mujer tiene
un dedo meñique largo, está en posesión de un gran poder sexual, tendrá abundante energía y será muy animosa. El dedo meñique está asociado con el meridiano del corazón y tiene una fuerte conexión energética con las emociones y el centro sexual. En el caso de los hombres, el dedo corazón está asociado con el
pericardio y la circulación del meridiano sexual, y también con el aspecto yang del
corazón.

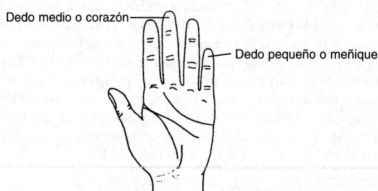

Fig. 7.26. *Puntos de los dedos.*

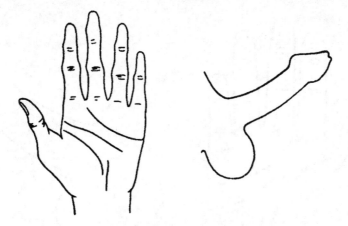

Los dedos finos indican un pene delgado

Fig. 7.27. *Tamaño y forma de los dedos.*

En la mujer, el hecho de tener frecuentemente las manos frías indica una deficiencia de energía yang y las manos cálidas indican una gran abundancia de energía yang. Una mujer que sufra una deficiencia de energía yang experimenta dicha deficiencia en todo su cuerpo, y posiblemente también en su vagina. El hecho de estar fría puede reducir su tamaño y su excitabilidad. Así, una mujer con las manos frías puede no ser tan apasionada como otra con las manos cálidas. Cuando tiene un exceso de energía yin, la mujer puede tener lubricación vaginal, pero, relativamente, menos dilatación vaginal.

Los dedos del hombre

El tamaño de los dedos del hombre refleja el tamaño y forma de su pene. Al hablar de este tema es importante recordar que ninguna forma o tamaño es mejor que otro. Lo importante es que tus órganos sexuales estén en armonía con los de tu compañera. El factor más importante en la sexualidad es la cualidad de nuestra energía interna.

1. Si el hombre tiene todos los dedos carnosos, anchos o gruesos, esto indica que tiene el pene grueso.
2. Si el hombre tiene todos los dedos finos, esto indica que tiene el pene más delgado.
3. Los dedos largos, especialmente el índice, indican un pene largo.

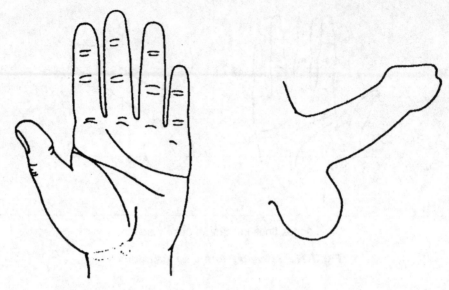

Los dedos carnosos indican un pene grueso

Fig. 7.28. *Forma y tamaño de los dedos.*

4. Para el hombre, un pulgar bien formado es el que tiene la punta gruesa y la raíz corta, lo que indica que tiene un pene con un glande voluminoso y un tallo más fino. Se dice que éste es un pene con «forma de hongo», y es el mejor para la máxima estimulación vaginal femenina.

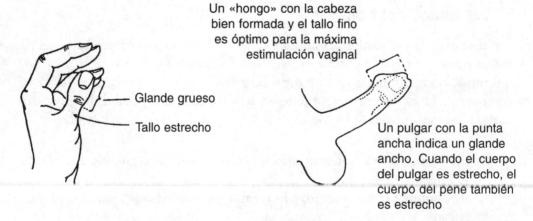

Un «hongo» con la cabeza
bien formada y el tallo fino
es óptimo para la máxima
estimulación vaginal

Glande grueso

Tallo estrecho

Un pulgar con la punta
ancha indica un glande
ancho. Cuando el cuerpo
del pulgar es estrecho, el
cuerpo del pene también
es estrecho

Fig. 7.29. *Forma y tamaño del pulgar.*

Los dedos de la mujer

El tamaño y la forma de los pulgares en la mujer reflejan el tamaño y la forma de su vagina o canal vaginal.

1. Un pulgar con la cabeza ancha y la raíz estrecha equivale a una apertura vaginal estrecha con un canal vaginal más ancho en el interior. Esta forma se acopla bien con el pene en forma de hongo.
2. Un pulgar que no sea grueso en su parte superior junto a la uña, sino de forma más tubular, refleja una vagina también de forma tubular.
3. Los dedos cortos acompañan a un canal vaginal corto y estrecho.

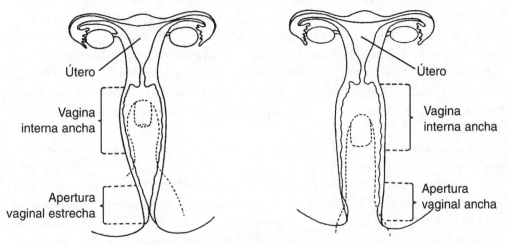

Fig. 7.30. *Tamaño y forma del pulgar de la mujer.*

Masaje de las manos

El masaje de las manos puede relajar todo el cuerpo. Estimulando los puntos de las manos podemos activar y equilibrar la energía sexual. Masajearse mutuamente las manos, explorando los dedos, las líneas y las palmas puede ser muy erótico para la pareja. Las manos son como

Fig. 7.31. *Masaje de manos.*

un mapa que revela la experiencia única de la persona. Transmite tu energía amorosa a través de las manos. Trabaja entre los dedos, alrededor de los nudillos y por todo el centro de las palmas. Además, es muy estimulante pasar la lengua, chupar o besar las manos de tu compañero o compañera, haciendo que una intensa corriente de energía sexual recorra su cuerpo.

Pelo

Según la medicina taoísta, el pelo de la cabeza, el de las cejas y el vello púbico están relacionados con la sexualidad humana. Para la mujer, el vello corporal depende de la energía yin de los riñones, mientras que en el caso del hombre el pelo depende de la energía yang de los riñones. El pelo de la cabeza está directamente relacionado con los riñones, porque los meridianos de la vejiga atraviesan la parte alta de la cabeza. La pérdida de cabello y el pelo gris prematuro son las primeras manifestaciones de un empeoramiento de la función renal, con la consecuente pérdida de chi del riñón. Los riñones, cuya esencia nutre la sangre, ya no funcionan tan eficazmente y comienza el proceso de envejecimiento. La alopecia masculina también puede deberse a una debilidad congénita, a una falta de higiene o a un dieta inadecuada y, por supuesto, a una herencia genética o energía ancestral.

La abundancia de pelo es, por tanto, un signo de fuerza y abundancia de energía sexual en la medicina china.

Un hombre con mucho vello corporal tiene una intensa energía sexual, aunque sea calvo o esté quedándose calvo en la parte alta de la cabeza. Parece que el pelo se forma a partir del exceso de energía de la sangre que, dirigido a través del pulmón, órgano que controla la piel, sale a la superficie para ser almacenado en forma de pelo corporal. El vello facial es otro signo de intensa energía sexual en el hombre. De modo que la barba y el bigote abundantes son indicadores de un gran potencial sexual.

Respecto al hombre, el *Nei Ching* nos dice: «Si los pelos de las mejillas son hermosos y largos, entonces la energía y la sangre en la parte superior del brillante meridiano yang del pie (meridiano del estómago) son fuertes y abundantes. Si la sangre y la energía son abundantes en la parte baja del brillante meridiano yang del pie, entonces el vello púbico y el pelo del pecho serán largos y hermosos.»

Los chinos creen que un hombre con abundante pelo en el pecho posee una gran capacidad sexual, mientras que una mujer con abundante pelo fino en su cuerpo también posee una gran capacidad sexual. El pelo del hombre debe ser de tipo yang, firme y fuerte, mientras que el pelo de la mujer debería ser del tipo yin, suave y liso.

Se ha estimado que el número de pelos corporales ronda en torno a los cinco millones. A primera vista podemos decir que tenemos la mayor parte del pelo en la cabeza, las axilas y las zonas púbicas. Sin embargo, hay un vello fino que cubre la totalidad del cuerpo, con densidades similares a las de las regiones más evidentes. La mayoría de los pelos son cortos y finos, de modo que no se notan, pero el pelo está presente en casi toda la superficie corporal. Y, además de los millones de pelos que tenemos en la piel externa, también tenemos vello en el interior del cuerpo; por ejemplo, alrededor de las orejas, de las glándulas dulces y en los tejidos que recubren el tubo digestivo. La estimación de cinco millones de pelos sobre la superficie corporal está basada en las informaciones y cálculos de Tortora y Grabowski, 2000.

Cuello

En la reflexología china, el cuello ocupa un lugar especial. Por ejemplo, un método para tonificar los pechos y aumentar su tamaño es masajearse la glándula tiroides del cuello. Según la medicina china, la estimulación de los órganos sexuales estimula la tiroides, y viceversa, ya que ambos están muy relacionados. Cuando una mujer se activa sexualmente, su cuello se alarga y se expande. El masaje y los besos en el cuello de la mujer estimulan indirectamente la glándula tiroides, activando el apetito sexual. Un cuello largo y grueso en un hombre indica un fuerte potencial sexual.

Pechos

Según la medicina tradicional china, las cuatro partes del cuerpo de la mujer que reflejan su sexualidad son su cara (los ojos y la boca), los pechos, los glúteos y la vagina. Los sexólogos tradicionales chinos llaman a los pechos «las campanas del amor».

El tamaño de los pechos sólo es uno de los factores que indican la capacidad sexual femenina y su potencial. Los músculos que soportan los pechos son otro de los factores a tener en cuenta. Estos músculos que sostienen y dan forma a los pechos reflejan directamente los genitales, ya que el meridiano del estómago atraviesa toda la zona del pecho, recorriendo también los pulmones y los genitales. A lo largo de este meridiano, unos órganos dan vida a otros, de modo que si los músculos que forman el tejido de los pechos son firmes y están tonificados, los músculos vaginales también serán firmes. Asimismo, unos músculos pectorales flojos indican escasa compresión vaginal.

Los chinos han clasificado los pechos por grupos en función de su potencial sexual.

1. Los pechos de tipo «plato» (o una mujer de pechos pequeños) indican una energía sexual relativamente baja.

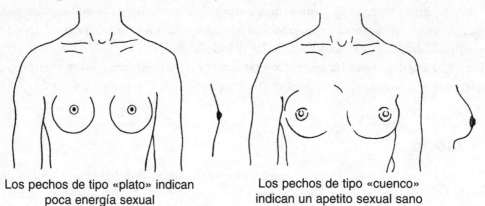

Los pechos de tipo «plato» indican poca energía sexual

Los pechos de tipo «cuenco» indican un apetito sexual sano

Fig. 7.32. *Pechos femeninos.*

2. Los pechos de tipo «cuenco», simétricos y bien equilibrados, tienen la forma de un cuenco de sopa. Cada pecho está sostenido por una musculatura bien tonificada. Esta mujer tendrá abundante apetito sexual y está considerada la más deseable sexualmente.

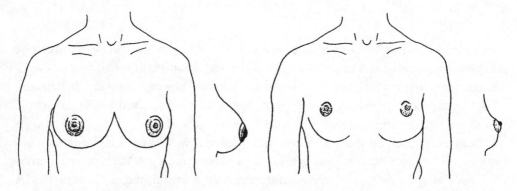

Los pechos de tipo «pelota», con grandes pezones y aréolas, indican una personalidad fuerte y enérgica

En los pechos de tipo «pico montañoso», los pezones apuntan hacia arriba. Esto indica que la mujer es muy cálida y apasionada

Fig. 7.33. *Tipos de pecho femenino.*

3. Los pechos de tipo «pelota» son más grandes que los anteriores. La mujer con este tipo de pechos tiene todavía más energía sexual. Además, cuando estos pechos incluyen pezones y aréolas grandes, la mujer tiene mucha energía sexual.

4. Los pechos de tipo «pico montañoso», con los pezones mirando al cielo, tienen forma cónica. Este tipo de mujer es muy cálida y apasionada.

5. Los pechos de tipo «péndulo» son redondos, como una bola que colgase de un péndulo. Si los músculos que sostienen este tipo de pechos son firmes, la mujer tiene un fuerte potencial sexual. Si tiene los músculos flojos y caren- rá menos apetito sexual. Si la mujer no tiene musculatura s mujeres mayores, tendrá poca energía sexual.

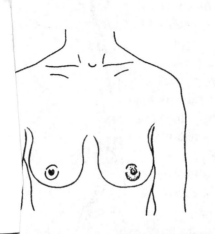

«péndulo»: si los músculos que los sostienen son fuertes, n potencial sexual. Si los músculos son débiles, indican un apetito sexual menor.

Los puntos de belleza que vamos a examinar a continuación anuncian de manera natural el estado de salud del sistema sexual femenino:

1. Miembros grandes, que indican fuerza para sostener el cuerpo durante el embarazo.

2. Caderas anchas, indicadoras de una pelvis grande que permite un apoyo firme durante el embarazo y facilita el parto.

3. Una cintura relativamente estrecha, que indica menstruaciones saludables y una expansión adecuada de las caderas.

Los pechos prominentes, de textura firme y con grandes pezones, y rodeándolos una aréola de color rosa brillante que no esté descolorida, indican que el útero está en buen estado.

Éstos son los indicadores indispensables de una buena sexualidad: una forma grácil de andar y mover el cuerpo; un paso saltarín, vigoroso y rítmico; una respiración dulce y acompasada; buenos dientes; una complexión clara; una voz agradable y musical; un cuello y parte posterior de la cabeza bien formados; unos labios llenos y rojos y una barbilla bien desarrollada, ligeramente proyectada hacia delante, y unos ojos claros, brillantes y animados.

Los puntos enumerados en el último párrafo son igualmente aplicables para estimar la fuerza sexual del hombre, añadiéndoles unos hombros anchos y un pecho profundo, además de un contorno corporal más ancho en la zona de los hombros y que se vaya estrechando hacia los pies.

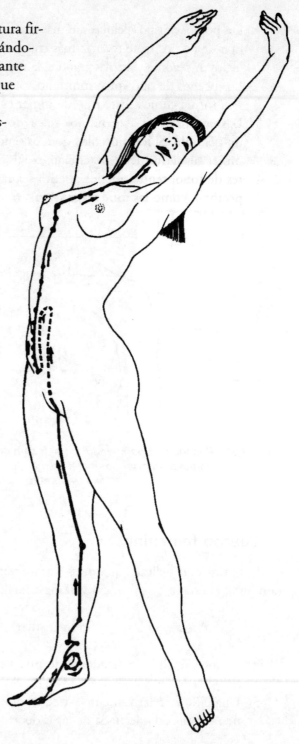

Fig. 7.35. *Cuerpo femenino.*

Nota. En una figura femenina proporcionada, la circunferencia de la cintura medirá dos quintos de la altura, y las caderas, en su parte más ancha, veintitrés centímetros más.

CAPÍTULO 8

Compatibilidad

Cuando la misma visión interna que existe en ti, existe en otra persona, os sentís atraídos a ser compañeros. Cuando el hombre siente dentro de sí la naturaleza femenina esencial, se siente atraído sexualmente por la mujer. Cuando la mujer siente el ser masculino del hombre en su interior, ella quiere tenerle físicamente dentro de sí.

RUMÍ

La compatibilidad entre hombre y mujer nos permite vislumbrar la unidad del universo. La experiencia sexual es uno de los grandes regalos que disfruta la humanidad, pues nos ofrece una experiencia relativamente accesible de equilibrio y armonía totales, siendo una metáfora del gran propósito de la vida. Según los sabios taoístas, este propósito es alcanzar la paz y la armonía mediante la unificación de los opuestos. Mira a tu alrededor y reconoce al hombre y a la mujer como otra expresión más de la gran dualidad cósmica que crea el día y la noche, el invierno y el verano, lo positivo y lo negativo, el norte y el sur, el cielo y la tierra. Cuando unificas estos opuestos, el mundo se funde en un éxtasis espiritual; esto es lo que dicen los sabios taoístas, que consideran el sexo algo tan natural e indispensable para la salud y longevidad humanas como la lluvia que cae sobre los campos.

Los taoístas contemplan la compatibilidad desde distintos puntos de vista. La compatibilidad hace referencia a la atracción energética entre dos personas, especialmente entre dos amantes. Existen diversos signos evidentes de compatibilidad que tienen sentido, aunque mucha gente los pase por alto. Podemos determinar la compatibilidad a través del tacto, del olfato, de la vista, del gusto, de la conversación, de la forma de tomarse las manos, de los intereses respectivos, de la química y de la energía.

La compatibilidad debería ser como un buen vino tinto, que se enriquece y mejora con el tiempo. Por eso deberíamos dar mucho tiempo a la relación en todas las etapas de su desarrollo: cortejo, noviazgo y matrimonio. Gracias a las técnicas secretas del amor taoísta, la relación se irá profundizando e intensificando a medida que pases tiempo con tu compañero o compañera: esto se debe a que los taoístas aprenden a cultivar la energía en lugar de desperdiciarla. Si una pareja que siente un profundo afecto y amor mutuo agota sus energías abusando de la sexualidad, o cayendo en altibajos emocionales y discusiones innecesarias, la intensidad y profundidad de la relación disminuye. Ésta es una de las causas de la elevada tasa de divorcios existente en el mundo occidental. Con las técnicas taoístas, el amor crece y florece.

En Occidente, a la compatibilidad a veces se le llama química. Cuando una pareja tiene «buena química», se genera entre ellos una energía eléctrica, una atracción magnética. La pregunta intemporal es cómo mantener este magnetismo, esta química existente con el otro miembro de la pareja para que pueda durar toda la vida. Los taoístas descubrieron el secreto del cultivo de la energía. Cuando en una relación hay energía, se mantienen vivos el interés, la animación y la alegría.

Fig. 8.1. *Fusión de las órbitas microcósmicas.*

La compatibilidad puede revelarse mediante el olfato. El olfato es uno de los principales sentidos en los que se detecta la atracción, tanto de manera consciente como inconsciente. En algunas culturas, olerse el cuello y el rostro es tan erótico como besarse apasionadamente. A través del olfato podemos determinar si somos compatibles con otra persona. Si el olor de la otra persona te resulta repugnante, posiblemente desearás replantearte la relación. Esto no significa que hayas de oler a tu compañero o compañera después de que haya estado haciendo ejercicio durante tres horas. Nos referimos al sentido del olfato en general. ¿Es la otra persona agradable a tu olfato cuando os abrazáis, os besáis o acariciáis?

Existen muchas formas de determinar la compatibilidad entre hombre y mujer. Por ejemplo, observa cuando un hombre y una mujer se dan la mano y perciben la armonía o desarmonía del contacto mismo. Si las manos no parecen encajar armoniosamente y si el contacto prolongado se vuelve desagradable, es un signo seguro de que esas disposiciones no son armónicas. Si el contacto es armonioso y al prolongarlo sigue siendo agradable, esto indica que su efecto general es armonioso.

En cada asociación íntima, los besos y las caricias revelarán la información más importante. Las caricias y besos deben intercambiarse con gran libertad, y los besos deben ser suficientemente apasionados y completos como para permitir a la pareja sentir el pleno efecto del sabor de los fluidos y el efecto eléctrico y magnético de las caricias. Si las caricias ejercen un efecto muy benéfico y los besos aumentan la dulzura y el disfrute con el tiempo, esto es un buen indicador del potencial de crecimiento. Si no se obtiene este resultado y los besos se vuelven repulsivos y las caricias pierden fuerza, o si las partes descubren después de la asociación íntima y completa que el amor no aumenta en intensidad, las condiciones para que se produzca la armonía están ausentes y debe descartarse la idea de prolongar la relación. Sin embargo, los individuos pueden continuar siendo amigos mientras resulte agradable para ambos. Los juicios de este tipo nunca deben formarse precipitadamente y no me parece seguro sacar conclusiones a partir de impresiones pasajeras. Recomiendo que este experimento se prolongue al menos seis meses, a menos que las partes descubran en un intervalo más breve que la relación les resulta claramente desagradable. En algunas de las mejores adaptaciones que he conocido, hizo falta algo de tiempo para que se produjeran resultados óptimos, especialmente en los casos donde los implicados eran jóvenes e inexpertos y no habían aprendido el arte de expresar libremente sus emociones. El amor, como tantas otras cosas, es un proceso en crecimiento y necesita tiempo para desarrollarse.

La idea de esperar o de prolongar el coito sexual permite que el corazón se llene de amor. Cuando se practica el coito sexual demasiado rápido, se agota la energía, especialmente si uno no es muy ducho en las artes taoístas de alcoba. La promiscuidad tiende a impedir el cultivo del centro corazón.

Al caminar juntos, tratad de acompasaros, y percibid si esto os resulta fácil y si el paso de uno es armónico con el del otro. La forma de caminar en un indicador infalible del carácter, y es imposible que dos personas que tienen muchos problemas para seguirse el paso o que se cansan caminando juntos puedan armonizar su carácter.

Percibe el efecto de la conversación. Si después de una larga charla te sientes cansado y este resultado se repite habitualmente, el carácter de la otra persona no armoniza con el tuyo. El lenguaje es nuestro principal medio de expresión y sus efectos han de observarse muy de cerca. Si la conversación te inspira y al acabarla te sientes descansado e instruido, o si ésta es la sensación general, los indicadores señalan armonía. Muchas parejas se enamoran o sienten por primera vez su mutua atracción hablando y conversando.

Algunas sociedades que están suficientemente informadas como para saber que es deseable hacer pruebas previas de asociación íntima antes del matrimonio —costumbre holandesa del *bundling* y algunas similares de otros países— tienen su origen en este tipo de pruebas. Según esta costumbre, al hombre y a la mujer se les cose un saco alrededor del cuerpo, de modo que les resulta imposible tener relaciones sexuales sin romper los sacos, con lo que serían detectados. Con esta condición, se les permite dormir juntos y percibir cómo este hecho afecta a sus sentimientos. Cualquiera que sea el resultado, no cabe duda de que ésta es una prueba muy valiosa. Es imposible que dos personas duerman juntas varias noches seguidas sin que sean conscientes de un aumento de su mutuo afecto y deseo de compañía, o de la pérdida total de dicho deseo. El efecto de dormir juntos puede resumirse así: si las partes no están en armonía, en muy poco tiempo agotarán su magnetismo hasta el punto de que cesará toda atracción mutua. Si son armoniosos, el efecto será delicioso y el deseo de continuidad aumentará a lo largo de unos meses. Seguidamente llegarán a un punto culminante: el deseo no seguirá aumentando, aunque la mutua compañía seguirá siendo una experiencia agradable. Si las partes son perfectamente armoniosas, esto seguirá así durante muchos años, pero, como regla general, el placer del contacto se intensificará enormemente si los miembros de la pareja no duermen juntos continuamente. Si la pareja no está en perfecta armonía, el magnetismo se perderá gradualmente; de ahí que, como muy pocas parejas son perfectamente armoniosas, una buena norma es ocupar camas separadas y dormir juntos ocasionalmente, según dicten el deseo y la conveniencia. La pérdida de magnetismo, y la consecuente neutralización del afecto, se irá produciendo más o menos rápidamente a medida que las partes pierdan armonía.

El periodo de cortejo experimental puede ser tan largo o tan corto como aconsejen la prudencia y las circunstancias de las partes, pero sugiero que un periodo de seis meses no es excesivamente largo. También creo que cualquier hombre o mujer razonable debería estar plenamente satisfecho con los resultados de un año de asociación íntima y continuada para sentir que el periodo de prueba está superado.

La energía del amor

¿No ves que tú y yo somos ramas del mismo árbol?
Con tu alegría viene mi risa; con tu tristeza comienzan mis lágrimas.
Amor, ¿podría la vida ser de otro modo para ti y para mí?

Dinastía TSU YEH TSIN, año 265-316

Siéntate con las piernas cruzadas frente a tu compañero o compañera. Pon las manos sobre las rodillas, el hombre con las palmas hacia abajo y la mujer con las palmas hacia arriba. Juntad las manos de modo que los centros de las palmas estén en contacto. Éste es un ejercicio para equilibrar y armonizar las energías masculina y femenina. Tomad algunas respiraciones largas y lentas, sincronizando la inspiración y la espiración. Respirad juntos, inspirando y espirando al mismo tiempo; esto sincroniza la energía entre vosotros. Sentid el intercambio energético que fluye a través de vuestras palmas. En el Tao, a este ejercicio se le llama amor energético. Podéis visualizar al dios y la diosa haciendo el amor por encima de vuestras cabezas. Sentid la energía que se derrama hasta la parte alta de la cabeza y, a partir de ahí, se extiende por todo el cuerpo. Siente la energía sexual del universo en armonía con tu propia energía sexual. Permite que la conexión íntima entre tú, tu compañero o compañera y el universo pulse por todo tu ser.

Fig. 8.2. *Elevar el néctar hasta la flor dorada.*

Astrología china

A lo largo de los milenios, y a medida que nos hemos ido dedicando más al progreso material, la humanidad ha ido perdiendo gradualmente la sensibilidad al mundo de la vibración (como el chi) y nuestra condición biológica se ha hecho más borrosa e insensible. Los seres humanos nacemos y somos criados en un entorno que está fuertemente influido por el flujo energético (chi y fuerzas magnéticas) de la Tierra y de los demás planetas y cuerpos celestes. A continuación, exponemos algunas nociones de astrología china.

Astrología de los cinco elementos

Cuando naces, la primera respiración de aire que tomas está llena de las vibraciones energéticas de los cinco elementos. El elemento fuego es la vibración del sol; el elemento tierra es la vibración del suelo, de la tierra; el elemento metal es la vibración de las rocas y montañas; el elemento agua es la vibración de los ríos y los lagos, y el elemento madera es la vibración de los árboles. Los primeros patrones energéticos medioambientales de los cinco elementos se conectan, mediante esa primera respiración, con los cinco órganos vitales (fuego/corazón, tierra/bazo, metal/pulmones, agua/riñones y madera/hígado) formando tu impronta energética interna. Esta impronta te permite cambiar y equilibrar tus órganos, porque la tienes desde el principio de tu vida biológica. Ésta es una de las teorías de la astrología china, que calcula el efecto esperado del entorno —incluyendo los cuerpos celestiales— sobre el individuo.

Aunque nadie puede cambiar el carácter energético inherente de cada uno de tus órganos, su energía puede armonizarse cambiando la cantidad y la calidad de la energía que recibes a través de la dieta, la meditación y las influencias medioambientales. Una vez que eres consciente de la cantidad y calidad de los cinco elementos que posees, así como del estatus de tus órganos, cabe pensar que tienes más probabilidades de equilibrarte y armonizarte. Puedes llegar a moldear tu estilo de vida para que se ajuste a tus deseos y ambiciones, aunque siempre dentro de tus atributos específicos. Los humanos heredamos la energía del entorno en el que nacemos y, en términos de energía, el cuerpo humano es una imagen del universo. Parte de esta energía que conforma al ser humano procede de los planetas y de los cuerpos celestiales, que comprenden los diez tallos celestiales de la carta astrológica personal. La otra parte de la energía procede de la tierra, que comprende las doce ramas honorarias. Los diez tallos celestiales son las fuerzas vitales de cada órgano principal. Las doce ramas honorarias son las energías que fluyen a través de cada uno de los doce meridianos principales, que tienen una intensa influencia en los órganos.

El efecto combinado de los tallos y de las ramas sobre los órganos se expresa en las cantidades relativas de los cinco elementos que tiene cada persona. Este análisis astrológico expone explícitamente el estatus de cada órgano en el momento del nacimiento. Los diez órganos se dividen en cinco grupos, como se describe más adelante. Cada órgano comparte la cantidad total de fuerza de vida con el otro órgano de su grupo. Es deseable que cada grupo tenga un total de al menos una o dos unidades de fuerza de vida, porque todas las partes del cuerpo se interconectan para formar la totalidad. Las partes no deben tratarse individualmente. Todos los órganos deben funcionar de manera armoniosa. Un exceso o falta de fuerza de vida en un grupo producirá un desequilibrio energético en cada uno de sus miembros. El desequilibrio energético de un grupo afectará a los demás grupos, produciéndose una reacción en cadena entre los órganos. Cada grupo mantiene una fuerte conexión con un órgano sensorial; por ejemplo, los órganos sensoriales asociados al grupo del hígado y la vesícula biliar son los ojos. El desequilibrio energético de un órgano se manifestará como enfermedad, emoción, cambios y dificultades en el órgano sensorial asociado. Todos estos efectos son las condiciones asociadas al órgano correspondiente.

El análisis energético se basa en la hora, día, mes y año de nacimiento, y en el análisis los elementos personales y los niveles positivos (yang) y negativos (yin) se expresan así:

Pulmones	metal yin menor	gran metal yin	metal yin mayor	metal yin máximo
Riñones	agua yin menor	gran agua yin	agua yin mayor	agua yin máximo
Hígado	madera yin menor	gran madera yin	madera yin mayor	madera yin máximo
Corazón	fuego yin menor	gran fuego yin	fuego yin mayor	fuego yin máximo
Bazo	tierra yin menor	gran tierra yin	tierra yin mayor	tierra yin máximo
Intestino grueso	metal yang menor	gran metal yang	metal yang mayor	metal yang máximo
Vejiga	agua yang menor	gran agua yang	agua yang mayor	agua yang máximo
Vesícula biliar	madera yang menor	gran madera yang	madera yang mayor	madera yang máximo
Intestino delgado	fuego yang menor	gran fuego yang	fuego yang mayor	fuego yang máximo
Estómago	tierra yang menor	gran tierra yang	tierra yang mayor	tierra yang máximo

Fig. 8.3. *Los diez órganos y los elementos yin-yang.*

Aquí están representadas las energías, emociones y personalidad con la que naciste, y tu carácter corporal también está representado por una de las categorías anteriores. El término *yin,* en general, hace referencia a lo frío, húmedo y a las características evanescentes, y el término *yang* hace referencia a lo cálido, seco y las características emergentes. Las categorías de menor a máximo hacen referencia a los niveles de yin y yang que operan en cada uno de los cinco órganos vitales y en sus órganos asociados. Ésta es una ciencia muy compleja, pero podrás hacerte este análisis gracias al Tao Universal, que pronto editará un libro, titulado *Cosmic Nutrition,* para explicar más ampliamente esta teoría.

Esto te dará una excelente oportunidad de descubrir quién es compatible contigo a nivel de la impronta energética interna. Éste es un método de la astrología china junto con los doce signos animales chinos y las nueve estrellas.

Astrología de los doce animales

Cada uno de los doce animales de las astrología china posee ciertas características y patrones que te ayudan a entenderte y a entender quién es compatible contigo. Los taoístas usamos el simbolismo de los animales porque cada animal tiene pautas similares a las vibraciones energéticas de las personas de su signo.

Los doce animales y sus características son:

Las ratas son: seductoras • enérgicas • dan buenos consejos • encantadoras • meticulosas • sociables • alegres • persistentes • divertidas • intelectuales • amables • sentimentales • generosas • honestas.
Pero también pueden ser: aprovechadas • manipuladoras • agitadas • jugadoras • avariciosas • vanas • suspicaces • agotadoras • destructivas • hambrientas de poder.

Los búfalos son: pacientes • trabajadores • familiares • metódicos • solitarios • líderes • orgullosos • equilibrados • reservados • precisos • inspiran confianza • elocuentes • sacrificados • originales • silenciosos • sufridores • fuertes • tenaces.
Pero también pueden ser: lentos • toscos • empecinados • malos perdedores • autoritarios • convencionales • resistentes al cambio • incomprendidos • rígidos • vengativos • celosos.

Los tigres son: enormemente generosos • bien educados • valientes • seguros de sí mismos • líderes • protectores • honorables • nobles • activos • liberales • magnéticos • afortunados • fuertes • autoritarios • sensibles • pensadores profundos • apasionados • venerables.
Pero también pueden ser: indisciplinados • despreocupados • presumidos • apresurados • en peligro constante • desobedientes • imprudentes • impetuosos • tercos • irrespetuosos con las reglas • peleones.

Los conejos son: discretos • refinados • virtuosos • sociales • atinados • inalterables • sensibles • buenos compañeros • solícitos • ambiciosos • talentosos • magnánimos • prudentes • tradicionales • hospitalarios.
Pero también pueden ser: pasados de moda • pedantes • frágiles • engañosos • retirados • reservados • diletantes • poco valerosos • quisquillosos • hipocondríacos.

Los dragones son: escrupulosos • sentimentales • entusiastas • intuitivos • sagaces • tenaces • sanos • influyentes • vitales • generosos • animosos • cautivadores • artísticos • admirables • afortunados • exitosos • autónomos. *Pero también pueden ser:* tercos • voluntariosos • exigentes • irritables • habladores • descontentos • ultramundanos • impetuosos • fatuos • críticos.

Las serpientes son: sabias • cultivadas • cerebrales • acomodaticias • intuitivas • atractivas • divertidas • afortunadas • simpáticas • elegantes • de hablar suave • bien educadas • compasivas • filosóficas • tranquilas • decididas. *Pero también pueden ser:* ostentosas • malas perdedoras • tacañas • extravagantes • presuntuosas • posesivas • vengativas • autocríticas • flemáticas • perezosas • volubles.

Los caballos son: amistosos • elocuentes • habilidosos • dueños de sí mismos • ingeniosos • atléticos • entretenidos • encantadores • independientes • poderosos • trabajadores • alegres • sentimentales • francos • sensuales. *Pero también pueden ser:* egoístas • débiles • impulsivos • crueles • rebeldes • pragmáticos • vanidosos • carentes de tacto • impacientes • insensibles • predadores.

Los carneros son: elegantes • creativos • inteligentes • de buenas maneras • dulces • de buen gusto • inventivos • rústicos • perseverantes • amables • delicados • artísticos • amorosos • maleables • altruistas • pacíficos. *Pero también pueden ser:* pesimistas • críticos • insatisfechos • caprichosos • intrusivos • indisciplinados • dependientes • irresponsables • impuntuales • inseguros.

Los monos son: agudamente inteligentes • ingeniosos • inventivos • afables • solucionadores de problemas • independientes • habilidosos para los negocios • triunfadores • entusiastas • lúcidos • avispados • apasionados • jóvenes • fascinantes • listos. *Pero también pueden ser:* manipuladores • presumidos • disimuladores • oportunistas • tediosos • indignos de confianza • infieles • adolescentes • sin escrúpulos.

Los gallos son: francos • vivaces • valientes • ingeniosos • atractivos • talentosos • generosos • sinceros • entusiastas • conservadores • industriosos • elegantes • divertidos • contemplativos • populares • aventureros • seguros de sí mismos.

Pero también pueden ser: provocadores • fanfarrones • quijotescos • poco fiables • crueles • miopes • didácticos • pomposos • pedantes • manirrotos • descarados.

☯ **Los perros son:** magnánimos • valientes • nobles • leales • dedicados • atentos • desinteresados • fieles • modestos • altruistas • prósperos • filosóficos • respetables • discretos • amantes del deber • lúcidos • inteligentes.
Pero también pueden ser: atrincherados • introvertidos • defensivos • críticos • pesimistas • aborrecibles • cínicos • tercos • moralizantes.

☯ **Los cerdos son:** complacientes • leales • escrupulosos • indulgentes • veraces • imparciales • inteligentes • sinceros • sociables • sistemáticos • cultos • sensuales • decididos • pacíficos • amantes • profundos • sensibles.
Pero también pueden ser: inocentes • indefensos • inseguros • sarcásticos • epicúreos • no competitivos • voluntariosos • crédulos • terrenales • presas fáciles.

Fig. 8.4. *Los doce animales chinos.*

Astrología taoísta de las nueve estrellas

La astrología taoísta de las nueve estrellas se basa en la numerología de la Estrella Polar, la Estrella Vega y las siete estrellas de la Osa Mayor. La astrología taoísta de las nueve estrellas es la esencia de todas las prácticas taoístas y está basada, como decíamos, en la Estrella Polar (yang), la Osa Mayor (7 puntos) y la Estrella Vega (yin). Todos los movimientos y los patrones energéticos de la Tierra tienen su origen en los campos energéticos de estos nueve puntos. Cada 26.000 años se completa un ciclo desde la Luz (yang) a la Oscuridad (yin), y actualmente la orientación del ciclo está cambiando de la Estrella Polar (yang) —centro de la galaxia— a la Estrella Vega (yin).

* **(1) Vega (Yin)**   **(9) Estrella (Polar) del Norte** *

* **(3)**

* **(2)**   * **(4)**

* **(5)**   * **(8)**

* **(6)**   * **(7)**

Fig. 8.5. *Osa Mayor, Vega y Estrella del Norte (Polar).*

Aunque el eje polar de nuestro planeta tiene una inclinación de 23 grados que mantiene a la Estrella Polar de la Osa Menor sobre su polo norte, esta orientación no se mantiene constante. Los astrónomos modernos saben que cada 26.000 años aproximadamente la Tierra alterna a otra posición en la que la Estrella Vega, de la constelación Lira, se convierte en la Estrella Polar. Este cambio es bastante drástico. Además, el planeta también realiza un movimiento de bamboleo sobre su eje que es menos intenso, aunque altera invariablemente la polaridad norte-sur de la Tierra. Esto, a su vez, afecta a nuestros canales corporales, el canal gobernador positivo y el canal funcional negativo, modificando de este modo al campo electromagnético humano.

Los sabios del pasado fueron capaces de observar nueve fases electromagnéticas diferenciadas en este movimiento de bamboleo. La astrología y la astronomía han determinado que hay nueve estrellas en el cielo del norte centradas en torno al extremo norte del eje polar de la Tierra: son las estrellas Polar, Vega y las siete que forman la Osa Mayor (Fig. 8.6). Ellas son las responsables de estas pequeñas alteraciones electromagnéticas que se producen. Según cuenta la teoría chi de las nueve estrellas, cada estrella es responsable de cada una de las fases electromagnéticas que pueden distinguirse. Cuando nuestro planeta está bajo la influencia de una de estas fases electromagnéticas, una de las fases de transformación o de las transformaciones antes mencionadas se acentúa. Así, hay cinco años de fuego, otros cinco de tierra, de agua, de madera y de metal, estando todas las fases de transformación elemental representadas en un ciclo de nueve años, en el que cada año es positivo o negativo (yin o yang).

En la astrología de las nueve casas, el hombre o la mujer nace en una casa particular, pero durante su periodo de vida pasa muchas veces por las distintas secuencias anuales, mensuales, diarias y horarias. La base de este proceso es la creencia de que la persona puede y debe alcanzar el máximo equilibrio, afrontando y superando las diferentes experiencias que se le presenten como resultado de las influencias de las diversas casas. Las personas siguen pautas diferentes debido a las influencias que quedaron permanentemente impresas en ellas en el momento de su nacimiento. Las reglas que llevan a las personas a recorrer estos ciclos permanecen constantes, pero la aplicación que cada uno hace de ellas depende de su sabiduría. Las distintas situaciones que han de afrontar las personas vienen determinadas por su grado de evolución en el momento de volver a entrar en este mundo. La fuerza y la intensidad de sus problemas o de su buena suerte dependen de la fuerza y madurez (cósmica) del individuo.

Éstas son las nueve casas:

1. *Agua (Kan-Agua)* — Yang dentro de yin — (+)
2. *Tierra (Kun)* — Yin — (−)
3. *Madera (Chen-Trueno)* — Yang — (+)
4. *Madera (Sol-Viento)* — Yin — (−)
5. *Tierra (Símbolo Tai Chi)* — Yin y yang — (+ y −)
6. *Metal (Chien-Cielo)* — Yang — (+)
7. *Metal (Tui-Lago)* — Yin — (−)
8. *Tierra (Ken-Montaña)* — Yang — (+)
9. *Fuego (Li)* — Yin dentro de yang — (−)

Usando el cuadrado mágico, convertimos esta formación en geometría sagrada:

4	9	2
3	5	7
8	1	6

Todos los números suman quince en cualquier dirección, y 1 + 5 = 6. El movimiento del universo es una espiral que va de 5 a 6, de 6 a 7, a 8, a 9, a 1, a 2, a 3, a 4 y a 5, como en el cuadrado mágico. Cuando usas el pakua con las nueve direcciones, tomas cada número con su progresión espiral, y todos ellos suman uno de estos dígitos: 3, 6 ó 9, que a su vez suman 18 (en cualquier dirección), o 1 + 8 = 9 (astrología de las nueve estrellas).

El cuadrado mágico también recibe el nombre de carta universal y fue descubierto originalmente en la tortuga de Wu de Hsia, por lo que ha sido considerado un signo de las fuerzas divinas. Representa las cualidades, el orden y el movimiento de todos los fenómenos tal como los expresa la ley de las cinco transformaciones (fases). Cada uno de los nueve bloques del cuadrado, o pakua mágico, es una casa con sus características particulares. Este cuadrado es la piedra angular de la astrología de las nueve estrellas tal como se usa en China, Tíbet y Japón.

Elemento personal

Yin Tierra	Yang Madera	Yin Tierra	Yang Madera
戊	甲	己	庚
辰	寅	丑	寅
Yin Agua	Yang Metal	Yin Agua	Yang Fuego
Hora	Día	Mes	Año

Fig. 8.6. *Carta astrológica china de las ocho fuerzas.*

La compatibilidad en la astrología china

Al analizar la compatibilidad entre dos personas, hemos de considerar dos factores principales: las personalidades y las energías sexuales, que vienen indicadas por las energías del elemento personal y el lugar que ocupa éste dentro del ciclo de los cinco elementos. Si los elementos de las dos personas están en el ciclo positivo o creativo, generalmente esto hará que las personas sean compatibles entre sí. Si los elementos están en el ciclo destructivo, esto puede provocar conflictos entre las personalidades o entre las energías sexuales. Ésta es una afirmación muy general, y a veces se producen excepciones a esta regla. El carácter que está en la parte superior del elemento personal representa la personalidad (centro corazón). Este carácter de la parte superior puede estar en el ciclo creativo o destructivo, en función de la expresión emocional del individuo. El carácter de la parte inferior del elemento personal representa las energías sexuales o internas (centro riñón). Este carácter inferior también puede estar en el ciclo creativo o destructivo, dependiendo de cómo se exprese el instinto sexual.

Una vez más, se trata de una ciencia muy complicada, pero el Tao Universal puede proporcionarte un astrólogo chino que te haga el análisis de compatibilidad.

CAPÍTULO 9

Ejercicios sexuales

En el Tao, los ejercicios sexuales no eran solamente un modo de potenciar el placer sexual o de hacerse más atractivo. Estos ejercicios eran el medio para disfrutar de un cuerpo más sano y vigoroso, un modo de sensibilizarse a las emociones más intensas y profundas y de cultivar la energía espiritual. Los taoístas creían que el cuerpo se mantendría joven y sano mientras fuera capaz de reproducirse. Cuando la energía reproductora estuviera en recesión, el cuerpo respondería con enfermedades o inseguridad emocional.

En Oriente, como en Occidente, hacer ejercicio es fundamental para mantener el cuerpo sano. Pero, en su intento de incrementar la energía sexual, los profesores orientales llevaron los ejercicios a un nuevo nivel de perfección. Las tradiciones orientales han desarrollado ejercicios que se centran específicamente en el área sexual con el fin de fortalecer nuestra energía sexual, los sentidos y la totalidad del cuerpo.

El fortalecimiento de los órganos sexuales mediante ejercicios y masajes también afecta al resto del cuerpo y los sentidos. Se cree que los órganos sexuales son los puntos reflejos más importantes del cuerpo y que, cuando se estimulan adecuadamente, pueden tener un poderoso efecto curativo en los sentidos y en los órganos internos, haciendo que estés más sano y más atractivo. Hay ejercicios pélvicos que fortalecen enormemente los órganos reproductores y el complejo entramado de tendones del área circundante. Es importante mantener fuerte esta zona porque es la raíz de la salud, tanto para el hombre como para la mujer. En la pelvis se introducen un gran número de terminaciones nerviosas y de canales para las arterias y venas. Algunos de los tejidos pélvicos comunican con cada centímetro cuadrado del cuerpo. Todos los meridianos de acupuntura importantes que intercambian la energía entre el cuerpo y los órganos vitales pasan por esta zona. Si está bloqueada o debilitada, la energía se disipará y los órganos y el cerebro sufrirán. Estos ejercicios están destinados a recargar de energía el cerebro, mejorar la circulación, estimular el flujo nervioso, fortalecer el diafragma urogenital y tonificar la energía de los órganos sexuales.

Según la visión taoísta de la salud humana, es importante cultivar la energía sexual en lugar de desperdiciarla innecesariamente. Para los hombres, esto significa controlar y regular la eyaculación; para las mujeres significa trabajar con el ciclo menstrual y equilibrarlo.

Si el hombre eyacula con demasiada frecuencia, agota la fuente de energía vital, lo que impide que el agua de vida se extienda al resto del cuerpo. La literatura taoísta insiste una y otra vez en la importancia de que el hombre retenga el semen, aunque esto difiere mucho de la idea religiosa de mantenerse célibe. En el Tao, la regulación y gestión de la eyaculación no implican el celibato. El propósito fundamental de estos métodos es incrementar, en la medida de lo posible, la cantidad de hormonas vivificantes secretadas por el cuerpo del hombre durante la excitación sexual que retrasan el proceso de envejecimiento. Al mismo tiempo, estos ejercicios también tratan de evitar la pérdida de semen y de las hormonas con él asociadas que se producen en la eyaculación. Todas las escuelas taoístas están de acuerdo en que la retención del semen y la adecuada regulación de su emisión son habilidades indispensables para el adepto masculino. Para entender mejor este concepto recomiendo la lectura de *El hombre multiorgásmico* y *Cultivating Female Sexual Energy*.

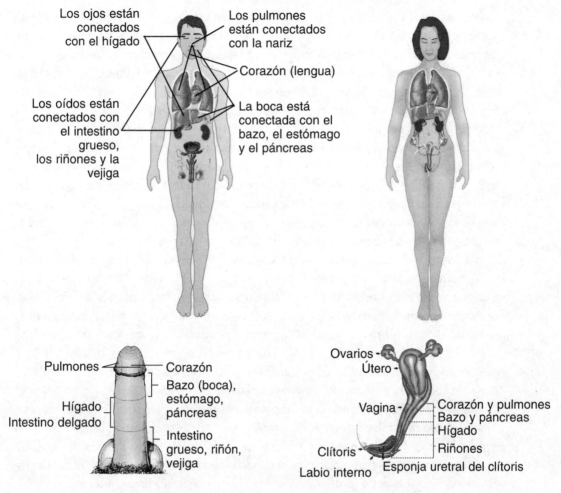

Fig. 9.1. *Puntos de reflexología a lo largo del cuerpo.*

Ejercicios sexuales respiratorios

> Hay un modo de respirar que es vergonzoso y constreñido. Y también hay otro modo: un aliento de amor que te lleva hasta el infinito.
>
> RUMÍ, *Secreto abierto*

El primer paso para convertirse en una persona con más potencia sexual es aprender a respirar adecuadamente. Muchos de los ejercicios sexuales requieren cierto grado de control respiratorio y cuando aprendes a respirar adecuadamente, los ejercicios se vuelven mucho más fáciles y provechosos. Los ejercicios respiratorios son un modo de controlar directamente el estrés.

Por ejemplo, piensa en cómo respiras cuando estás en una situación tremendamente estresante. La respiración se te atasca en el pecho, tomas breves bocanadas de aire que apenas permiten la entrada de oxígeno a los pulmones. En circunstancias extremas, la respiración se hace casi inexistente. Con una respiración así el oxígeno vivificante no puede fluir libremente por todo el organismo. Esto crea tensiones, que se van alojando en el cuerpo sin que éste tenga la posibilidad de procesarlas y liberarlas.

Hace mucho tiempo, la medicina china descubrió que la respiración es un reflejo directo del estado emocional del cuerpo. Cuando alguien está triste, toma inspiraciones cortas, encerrando el aire en la parte superior del pecho. Cuando una persona está enfadada, la respiración queda reducida a largas espiraciones contraídas junto con unas inspiraciones desesperantemente cortas. E incluso cuando no sentimos emociones intensas, la respiración sigue reflejando los sentimientos y sensaciones generales del cuerpo, que a menudo no son muy vigorosos.

Así como la dieta correcta recarga los depósitos corporales de esencia nutritiva, la respiración correcta incrementa las reservas de energía vital. La respiración justa es la que se realiza con el diafragma, no con la caja torácica ni con las clavículas. Debido a una multiplicidad de causas como la pereza, la ignorancia, el tabaco, la polución, el estreñimiento y otros factores, los adultos de nuestros días respiran superficialmente en lugar de hacerlo con el bajo vientre, que es lo natural para nuestro organismo. Todas las artes marciales y las prácticas de meditación verdaderas hacen uso de la respiración para controlar el cuerpo.

Respirar abdominalmente es la cosa más natural, simplemente nos hemos olvidado de cómo respirábamos cuando éramos niños. ¿Has observado alguna vez cómo respira un bebé? Si no lo has hecho, te recomiendo que lo hagas la próxima vez que tengas ocasión. Presta especial atención al hecho de que la respiración se realiza a través del estómago o del abdomen, no del pecho. Ésta es la manera natural de respirar, la manera a la que tenemos que volver.

La respiración con el pecho emplea los músculos intercostales, situados entre las costillas, para expandir de manera forzada la parte superior de la caja torácica, reduciendo la presión de aire en el pecho para que entre más aire por succión. Esto hace que la parte baja de los pulmones, que es la que más superficie ocupa, quede inmovilizada. De modo que uno tiene que tomar el triple de respiraciones pectorales para llevar a los pulmones la misma cantidad de aire que conseguiría con una única respiración diafragmática.

Respiración abdominal profunda (para hombres y mujeres)

Una respiración abdominal completa y profunda debe emplear las tres partes de los pulmones en una expansión continua que comience en el fondo del abdomen y no en la parte alta del pecho. Se empieza inspirando el aire lentamente, llevándolo hacia la parte baja de los pulmones y dejando que el diafragma se expanda hacia abajo en la cavidad abdominal. Cuando el diafragma está plenamente expandido, los músculos intercostales entran en juego para abrir la caja torácica y llenar de aire la parte media de los pulmones. Cuando la caja torácica ha alcanzado su plena expansión, la persona utiliza las clavículas para que el aire fluya hacia las estrechas cavidades de la parte alta de los pulmones.

Espira en el orden inverso; empieza soltando el aire de la parte alta del pecho y ve bajando por las costillas, hasta expulsar el aire de la parte baja de los pulmones contrayendo ligeramente el abdomen. Respirar con el diafragma reduce el número de respiraciones por minuto a menos de la mitad, aumenta enormemente la eficacia respiratoria, ahorra tensiones al corazón y permite conservar la energía vital.

Este tipo de respiración tiene muchas ventajas para el cuerpo y las emociones. Cuando respiramos así, el cuerpo lo considera una señal de que puede estar calmado y relajado. Ésta es una de las mejores maneras de combatir el estrés en la vida cotidiana. Si tienes ocasión, practica la respiración abdominal en cuanto dispongas de unos minutos extra —mientras conduces, haces cola o esperas tu turno en el dentista o en cualquier lugar que puedas imaginar— y obtendrás grandes beneficios. Con la práctica, pronto tu cuerpo empezará a respirar más profundo de manera automática.

La respiración abdominal profunda activa los bombeos sacro y craneal y mantiene fluida la médula espinal, porque moviliza las articulaciones y el cráneo. El fluido cefalorraquídeo, que baña la médula espinal, y el semen son de naturaleza muy similar.

En cuanto al aumento de la energía sexual, la respiración abdominal profunda es un ejercicio maravilloso. Envía energía al diafragma urogenital, aflojando y relajando toda la cavidad pélvica. Sin esta respiración profunda, la parte baja del abdomen tiende a contraerse y tensarse, lo que a su vez puede producir un descenso o un aumento incontrolable de la energía sexual; la tensión abdominal produce inevitablemente un desequilibrio en la zona sexual. En el caso de los hombres, la tensión puede producir eyaculación precoz, sueños húmedos, impotencia o frustración sexual. En el caso de las mujeres, esta tensión puede producir calambres menstruales, frigidez, síndrome premenstrual y otros síntomas y problemas emocionales más complicados.

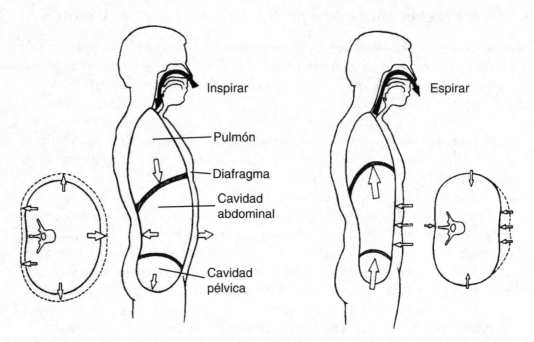

Fig. 9.2. *Respiración abdominal profunda.*

Respiración energética (para hombres y mujeres)

La respiración energética consiste en expulsar rápidamente el aire de los pulmones y tiene como objetivo mejorar la circulación, fortaleciendo también la energía en la parte baja del abdomen. Imagina que tienes un pequeño fuego justo detrás del ombligo. Necesitas aire para convertir esta pequeña chispa en un fuego vibrante. Durante el tiempo que dure el ejercicio, la respiración debe sonar como un fuelle expulsando aire. Empieza expulsando enérgicamente todo el aire de los pulmones mediante una drástica contracción de las paredes abdominales. Inmediatamente después de la expulsión del aire, deja que los pulmones se llenen de manera natural, sin esfuerzo, aproximadamente hasta la mitad de su capacidad. Cuando tengas los pulmones medio llenos, vuelve a contraer enérgica y repentinamente la pared abdominal para expulsar otro volumen de aire. El ejercicio debe constar de veinte a treinta expulsiones rápidas de aire y sirve para fortalecer y energetizar la parte baja del abdomen (el Palacio sexual y el Tan Tien inferior).

Ejercicios de masaje sexual

El masaje es una saludable manera de entrar en contacto con nuestros cuerpos. Ha sido empleado durante miles de años para cultivar la salud, la relajación y la longevidad. El masaje es tan benéfico porque libera las tensiones producidas por el estrés y establece una vía de comunicación entre la mente y el cuerpo. Además, el masaje es muy importante porque mejora la circulación, suelta las adherencias musculares y genera energía positiva.

A lo largo del libro hemos expuesto diversos tipos de masaje corporal para incrementar la energía del centro sexual. Ahora exploraremos el masaje del centro sexual mismo, que aumenta específicamente la energía sexual pero también la energía general del cuerpo.

Masaje de los testículos

El masaje de los testículos sirve para conectar conscientemente con la energía sexual masculina. Es muy importante diferenciar estos ejercicios sexuales de la masturbación. En el Tao, el objetivo de la práctica es poner riendas a la energía vital, no liberarla. Es esencial que sientas la energía y que la eleves y distribuyas por el cuerpo.

Empieza sentándote en el borde de la silla, sin pantalones. (Es posible practicar el ejercicio con los pantalones puestos. Si eliges dejarte los pantalones, es importante que no te aprieten para que la tela no interfiera con el masaje. Siempre es una buena idea llevar unos pantalones que no constriñan el riego sanguíneo de los genitales. En general, siempre es mejor llevar pantalones y ropa interior sueltos que apretados.) Frótate las palmas de las manos para calentarlas; a continuación, pon la punta de los dedos índice, corazón, anular y meñique de cada mano debajo de los testículos y masájealos vigorosamente con los pulgares, haciéndolos rodar entre las puntas de los dedos y los pulgares. Haz rodar los testículos unas 36 veces en cada dirección. Realiza unas cuantas contracciones del músculo PC y termina con la respiración abdominal profunda.

Este ejercicio incrementa la producción de testosterona, esperma y fluidos seminales, activando la energía sexual masculina de manera intensa pero equilibrada.

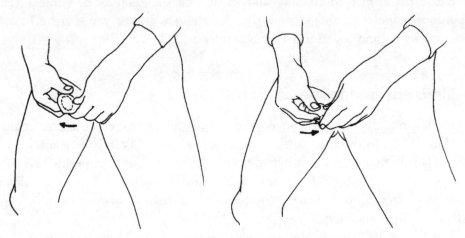

Fig. 9.3. *Masaje de los testículos.*

Los testículos son la parte más importante de los órganos reproductores porque tienen la clave para el desarrollo de la testosterona y el esperma. Si los descuidas, no podrás tener el rendimiento sexual que deseas. El masaje de los testículos ayuda a incrementar la producción de testosterona, que a su vez aumenta el apetito sexual. Este ejercicio también favorece la circulación sanguínea hacia los testículos, aumentando la cantidad de esperma y el volumen de la eyaculación.

Los testículos son unos órganos muy importantes y vitales de nuestro cuerpo, pues sin ellos seríamos una especie extinguida. Mantenerlos en forma te hará tener erecciones más firmes, más apetito sexual y mayores cantidades de semen; también aumentará tu cantidad de espermatozoides, por lo que tendrás más probabilidades de fertilizar a una mujer cuando intentes tener hijos. La clave de la salud y del buen funcionamiento testicular es mejorar el riego sanguíneo de los testículos. Masajéate entre los testículos con un movimiento de bombeo, usando para ello el pulgar y los dedos. Masajéate la base de los testículos, tirando hacia abajo mientras lo haces; prolóngalo unos tres minutos. Aplica una ligera presión a los testículos, frotándolos mientras tanto; masajea y trabaja también la zona que los rodea. Continúa repitiendo estos pasos una y otra vez. Este masaje debe hacerse al menos diez minutos al día, preferiblemente al levantarse o antes de acostarse. Debes estirarte la piel de los testículos tres veces por semana, sintiendo el alargamiento de la piel hacia abajo.

Rodea la base de los testículos con el pulgar y el índice y aprieta hasta que los testículos se peguen uno a otro encima de tu pulgar y de tu índice. Con la otra mano, aplica una pequeña presión en la parte superior de los testículos y masajéalos con un movimiento circular. Mientras tanto, tira ligeramente hacia abajo con la mano que agarra la base de los testículos. Hazlo durante tres a cinco minutos sin parar. Después de estos ejercicios de masaje, los testículos quedarán estirados y debe parecer que cuelgan más abajo de lo normal. También parecerán más grandes debido al incremento del riego sanguíneo. Debes practicar este masaje y la técnica de estiramiento al menos tres o cuatro veces por semana, pero para que la salud y la fertilidad de tus testículos sea óptima debes repetirlo diariamente. El calor generado potenciará la circulación sanguínea y será absorbido rápidamente por tu cuerpo, permitiendo que el ejercicio se desarrolle en mejores condiciones.

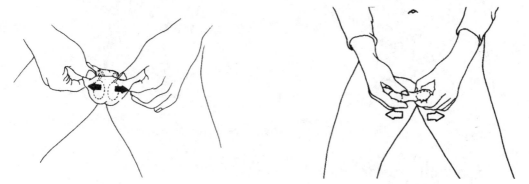

Fig. 9.4. *Masaje de los testículos.*

Golpear las perlas del dragón (para los hombres)

Un modo de estimular la energía del riñón en el propio cuerpo es golpearse ligeramente los testículos. Recuerda que los riñones gobiernan la energía sexual. Golpearse los testículos estimula la producción hormonal de todo el sistema endocrino.

Ponte de pie con los pies separados o siéntate en el borde de la silla. Frótate las palmas de las manos hasta calentarlas; seguidamente, agarra el pene con una mano y tira de él hacia arriba. Las puntas de los dedos de la otra mano golpean ligeramente los testículos, haciéndolos rebotar arriba y abajo. No debes golpear con tanta fuerza que resulte doloroso, pero debes usar la suficiente fuerza como para que los golpes se noten en todo el bajo vientre. Golpéate 36 veces, aproximadamente, con cada mano. Después de los golpes, contrae y relaja el músculo PC; a continuación, toma unas respiraciones profundas.

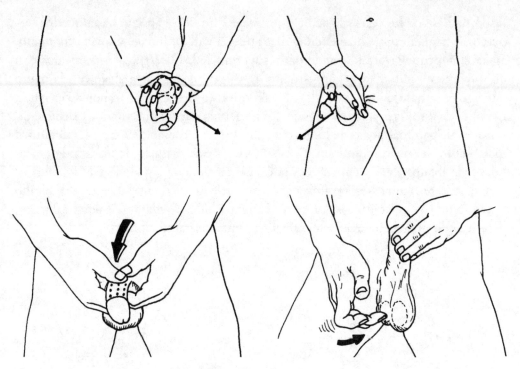

Fig. 9.5. *Masaje y golpecitos en los testículos.*

Estiramiento del pene

Para obtener el óptimo resultado del estiramiento del pene, debes entender su funcionamiento interno. El pene está formado por unas células que se agrandan cuando se llenan de sangre. Estas células forman lo que se denominan espacios sanguíneos. Los espacios sanguíneos están dentro del tejido eréctil, también llamado cuerpo cavernoso. Al estirar el pene, estás estirando todas las partes del pene, incluyendo las zonas que se llenan de sangre. Cuando estas zonas se hayan estirado hasta una medida determinada, el pene se alargará, tanto en estado flácido como erecto. Lo que la mayoría de la gente no entiende es que el pene es probablemente la parte del cuerpo más fácil de alargar y ensanchar por su propia constitución interna. La erección tiene el tamaño que tiene porque las células del pene tienen un tamaño dado. Haciendo ejercicios naturales para que la sangre llene los espacios y estirando la parte carnosa, es posible estirar el pene con un esfuerzo mínimo.

1. Inspira completamente; ahora espira y aplana el abdomen, sacando al mismo tiempo la lengua. Los hombres han de agarrarse el pene con el pulgar y el índi-

ce, y tirar de él sacando la lengua todavía más. La mujer debe usar el ejercicio del huevo con el hilo colgante para estirar y fortalecer el canal vaginal. Aprieta el huevo y tira del hilo. Sigue estirando hasta que necesites inspirar. Dirige el aire inspirado hacia los intestinos; espira emitiendo el sonido «shhhh» hasta quedarte sin aliento.

2. De pie o sentado, asegúrate de que el pene está completamente flácido y pon los dedos en torno al glande, sin apretar tanto que te haga daño pero con la fuerza suficiente como para asegurar una buena sujeción.

3. Estira el pene en línea recta hacia delante hasta que sientas un buen tirón en su centro y en su base. Mantén el estiramiento mientras cuentas hasta diez; descansa y siente la energía de los órganos sexuales. Repítelo tres veces más.

4. Ahora golpéate suavemente el pene contra la pierna unas cincuenta veces para que la zona estirada recupere el riego sanguíneo.

5. A continuación, vuelve a agarrarte el pene, espira y saca la lengua. Esta vez estira el pene hacia la izquierda hasta que sientas un buen estirón en la parte derecha de su base. Mantén esta posición mientras cuentas hasta diez y repite. Descansa y dirige la energía hacia la coronilla.

6. Vuelve a golpear suavemente el pene contra la pierna otras cincuenta veces.

7. Seguidamente, agárrate el pene, saca la lengua y contén la respiración; esta vez estíralo hacia la derecha hasta que sientas que el lado izquierdo de su base está bien estirado. Mantén esta posición y cuenta hasta diez. Repítelo tres veces más.

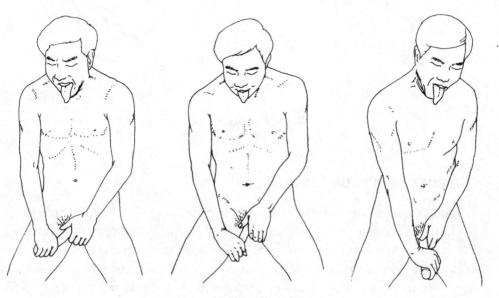

Fig. 9.6. *Estiramiento del pene.*

Rotaciones

1. Agarra el pene por el glande y estira hacia fuera hasta que sientas que está bien estirado.
2. Una vez extendido, comienza a rotar el pene en círculos hacia tu izquierda. No se trata de girar el pene mismo, sino de hacer una rotación que dibuje un movimiento circular. Debes sentir un buen estiramiento en todas las áreas del pene y en su base, donde se inserta en el cuerpo. Realiza treinta rotaciones, descansa unos segundos y contrae suavemente el ano y el perineo, dirigiendo el chi hacia la coronilla. Repítelo tres veces más.
3. Golpéate el pene contra la pierna cincuenta veces para que vuelva a fluir la sangre.
4. Repite la misma técnica de rotación que antes, sólo que esta vez harás los movimientos hacia tu derecha. Realiza treinta rotaciones, descansa unos segundos y repítelo tres veces más.

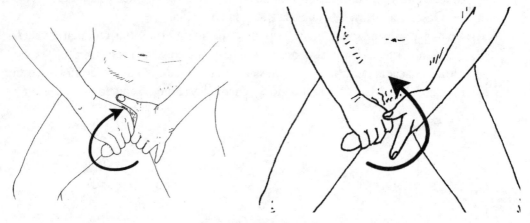

Fig. 9.7. *Rotaciones.*

Calentamiento de las manos

El propósito del estiramiento taoísta del pene es alargar los cuerpos cavernosos, el tejido esponjoso que se llena de sangre cuando tienes una erección. Si empiezas a practicar en frío tendrás más molestias y escozor en la piel que si preparas el pene para los ejercicios físicos que estás a punto de emprender. Así como calientas el cuerpo y los músculos antes de hacer ejercicio, debes hacer lo mismo con el pene; esto calentará los espacios sanguíneos de los cuerpos cavernosos, expandiendo los tejidos y haciéndolos más flexibles y esponjosos. Este ejercicio recibe el nombre de «calentamiento de las manos» y debe practicarse antes y después de cada trabajo con el pene y los testículos.

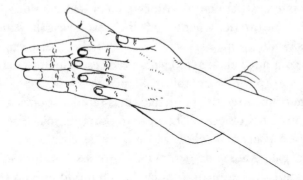

Fig. 9.8. *Frótate las manos.*

1. Frótate las manos hasta calentarlas.
2. Sostén el pene entre las palmas y frótalo hasta que esté caliente.
3. Sostén los testículos entre las palmas y frótalos hasta calentarlos.

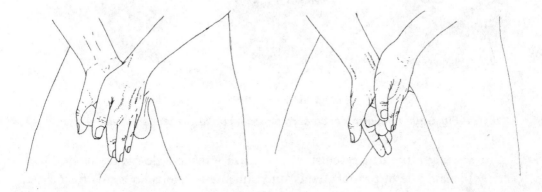

Fig. 9.9. *Sostener el pene y calentarlo; a continuación, hacer lo mismo con los testículos.*

Energía sexual y cerebro

Visualiza el movimiento de la órbita cósmica y llena los órganos de chi. Céntrate intencionalmente en el pene mientras haces los ejercicios. Cierra los ojos y forma una imagen clara en tu mente. A partir de ahora, cada vez que tires del pene, o contraigas el músculo PC, visualiza que tu pene y tu glándula pineal crecen un poco cada vez hasta tener el tamaño que deseas. Céntrate en cada toque y, mientras estiras, visualiza un buen estiramiento. Enfócate en el tamaño que quieres tener y visualiza que ya lo has alcanzado. Cuanto más incluyas la visualización en tus ejercicios del pene, más rápidos y mejores serán los resultados. Puedes aplicar la visualización a cualquier cosa que hagas: a los ejercicios de estiramiento del pene, a otros ejercicios, a una puesta a punto corporal o a la meditación. Cuanto más visualices el resultado y más te concentres en el objetivo, más rápido llegarás allí. Ten cuidado de visualizar siempre tus objetivos. Es muy importante mantenerse en óptima condición física para conservar la salud. El cáncer y las enfermedades de próstata son una de las principales causas de defunción entre los hombres de más de cincuenta años, y las estadísticas empeoran cada año, de modo que no se puede esperar que las cosas mejoren por sí solas.

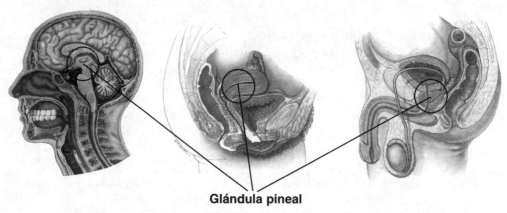

Glándula pineal

Fig. 9.10. *El centro del cerebro conecta con los órganos sexuales.*

Tu fuerza y capacidad eyaculatoria, la fuerza y firmeza de tus erecciones, y la salud y bienestar de tu próstata, están directamente relacionadas con la frecuencia con que practiques estos ejercicios. El ejercicio regular desarrollará enormemente tu músculo PC, lo que a su vez te proporcionará erecciones duras, mejorará drásticamente la circulación sanguínea al pene e incrementará mucho el volumen y la intensidad de la eyaculación, manteniendo la próstata en excelente estado de salud. Esto te ayudará a prevenir el cáncer de próstata, una de las principales causas de defunción para los hombres.

El ejercicio de apretar y contraer es simplemente un adiestramiento avanzado del músculo PC (músculo pubococcígeo); mientras lo practicas, agarra el pene con una presión de media a fuerte. Al apretar el músculo PC contra la erección pulsante añades resistencia y mejoras el ejercicio. El hombre medio necesita ejercitar el músculo PC durante muchos meses para poder prolongar notablemente el coito sexual.

Al contraer el músculo PC, contrae también los ojos, la boca, el ano y la próstata. Esto activará el centro del cerebro.

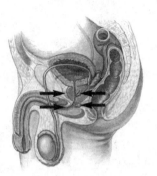 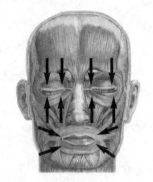 

Fig. 9.11. *Vísceras pélvicas y perineo masculino.*

Músculo PC y ejercicios de ordeñar

Estos ejercicios estiran el tejido central del pene, que es parecido a un tendón, alargando el miembro viril, tanto cuando está erecto como cuando está flácido. Este ejercicio también mejora el recuento de esperma y testosterona. Es muy triste que sólo en Estados Unidos haya más de treinta millones de hombres impotentes. Esto es lamentable, porque toda impotencia está causada por la debilidad y el subdesarrollo del músculo PC y del cuerpo cavernoso. Si tienes erecciones débiles o brotes regulares de impotencia, eso significa que el riego sanguíneo al pene y los testículos no te funciona bien. Es fundamental tener una buena circulación sanguínea a todo el cuerpo si se desea conservar la salud. La falta de riego sanguíneo en el pene debilita y acorta los cuerpos cavernosos, reduce las sensaciones durante el coito y favorece la impotencia. Las prácticas de ordeñar o estirar obligan a la sangre a entrar en los espacios sanguíneos del cuerpo cavernoso, alargando el pene y preparando el resto del cuerpo para dirigir un mayor flujo sanguíneo a dicho órgano. Después de varios meses de práctica vigorosa, el estiramiento regular garantiza un pene sano, fuerte y con el riego adecuado.

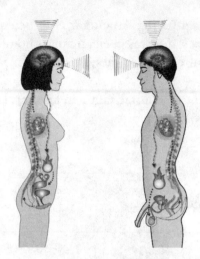

Fig. 9.12. *Dirigiendo la energía sexual hacia el cerebro estás transformando lo físico (esperma y óvulos) en etérico y lo material en inmaterial.*

Los órganos sexuales y el cerebro

Los órganos sexuales (ovarios, testículos, útero y próstata) están estrechamente conectados con el centro del cerebro, especialmente con la glándula pineal. Hacer circular la energía sexual hasta el sacro y elevarla de allí al cerebro aumenta la memoria cerebral. El sabio taoísta dice: «Retorna la energía sexual para revitalizar el cerebro.»

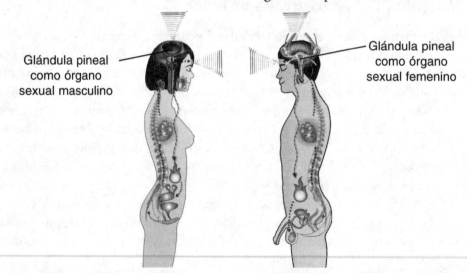

Glándula pineal como órgano sexual masculino

Glándula pineal como órgano sexual femenino

Fig. 9.13. *La glándula pineal es el segundo órgano sexual. En las mujeres, la pineal es el órgano sexual masculino y, en los hombres, la pineal es el órgano sexual femenino.*

El centro del cerebro está conectado con el útero y la próstata. La contracción y relajación de los órganos sexuales incrementa la circulación sanguínea y hormonal al centro del cerebro.

El músculo chi

Si ejercitas el músculo PC chi, desarrollarás el control eyaculatorio que previene la eyaculación precoz. Además, el desarrollo de este músculo fortalece las erecciones; mejora la circulación sanguínea, potenciando así el tamaño y la sensación; mejora drásticamente tu vigor sexual; aumenta el volumen y la intensidad de la eyaculación, y también mejora el flujo urinario y la capacidad de tener múltiples orgasmos. Por último, el desarrollo y la salud de la próstata que produce este ejercicio pueden salvarte la vida.

El primer paso para empezar estos ejercicios es localizar el músculo PC. Algunos hombres han sido capaces de localizar y utilizar su músculo PC durante años sin saberlo. *Prueba rápida:* obtén una erección. Si puedes hacer que el pene se mueva por sí solo cuando tienes una erección, has localizado tu músculo PC. Si no

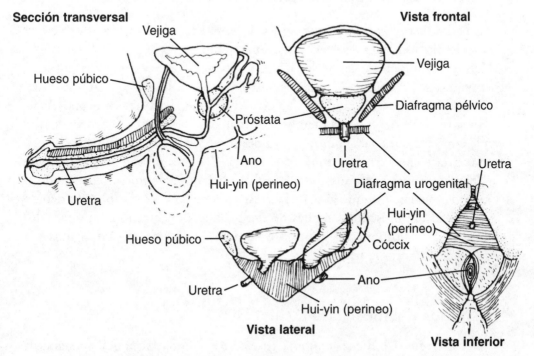

Fig. 9.14. *Diafragmas pélvico y urogenital masculinos.*

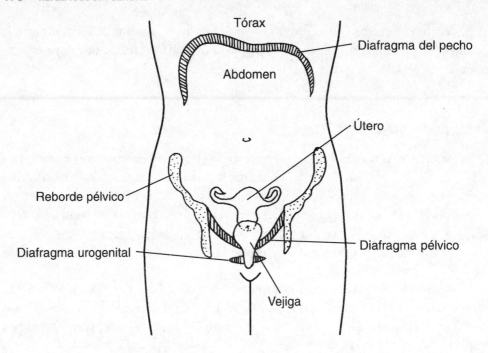

Fig. 9.15. *Diafragmas pélvico y urogenital femeninos.*

puedes hacerlo, la próxima vez que orines detén el flujo de orina antes de acabar. El músculo que usas para detener la micción es el músculo PC.

Hombres y mujeres (usando los labios vaginales) pueden aumentar su fuerza y energía sexual realizando al menos de doscientas a quinientas contracciones diarias. Los antiguos taoístas también llamaban a este ejercicio «tensar el ano», porque la contracción del músculo también aprieta el ano. Realiza una serie de diez a veinte contracciones para comprobar tu destreza. Si tu músculo PC se cansa con veinte contracciones, estás en muy mala forma. Después de esas primeras veinte veces, contrae y aprieta el músculo con toda tu fuerza, manteniéndolo así todo el tiempo que puedas. Aunque al principio esto puede parecer complicado debido a la debilidad del músculo, después de unos meses de ejercicio continuado los hombres podrán posponer el impulso de eyacular con sólo apretar el músculo hasta que desaparezca la urgencia.

Ejercicios del músculo PC chi

Calentamiento. Comienza con una serie de treinta contracciones, apretando y soltando a ritmo constante. Al acabar la serie, descansa treinta segundos. A continuación haz dos series más, descansando treinta segundos entre ellas. Cuando hayas completado el ejercicio, el aumento de riego sanguíneo y del chi deberían permitirte controlar mejor tu músculo PC.

Grapas del músculo PC. Aprieta y suelta una y otra vez. Empieza haciendo series de treinta contracciones y ve aumentando progresivamente hasta llegar a cien o más. El músculo PC se cura rápidamente y es posible que te descubras despertando con una fuerte erección cada mañana. Asegúrate de hacer al menos trescientas grapas diarias durante el resto de tu vida. Pronto descubrirás que es lo mejor que puedes hacer por tu salud sexual y tu vitalidad.

Apretón largo y lento. Calienta con una serie de treinta grapas y después contrae con toda la fuerza y profundidad que puedas. Cuando ya no puedas apretar más, mantén la tensión mientras cuentas hasta veinte. Descansa treinta segundos. Repítelo cinco veces. Después de hacer este ejercicio durante un mes, deberías ser capaz de apretar y mantener durante varios minutos seguidos. Este ejercicio concreto te dará erecciones duras como el acero y la capacidad de prolongar el coito todo el tiempo que desees. Practica hasta llegar a diez series de dos minutos cada una.

Ejercicio del músculo PC por pasos. Este ejercicio consiste simplemente en tensar y relajar tu músculo PC progresivamente. Empieza tensando el músculo PC, mantén, después aprieta más, mantén, aprieta un poco más, mantén, aprieta todo lo que puedas y mantén. Prolóngalo veinte segundos y, a continuación, afloja un poco y mantén, afloja un poco más y mantén, afloja otro poco y mantén y, finalmente, relaja completamente. Repite la serie cinco veces sin descansar en los intermedios.

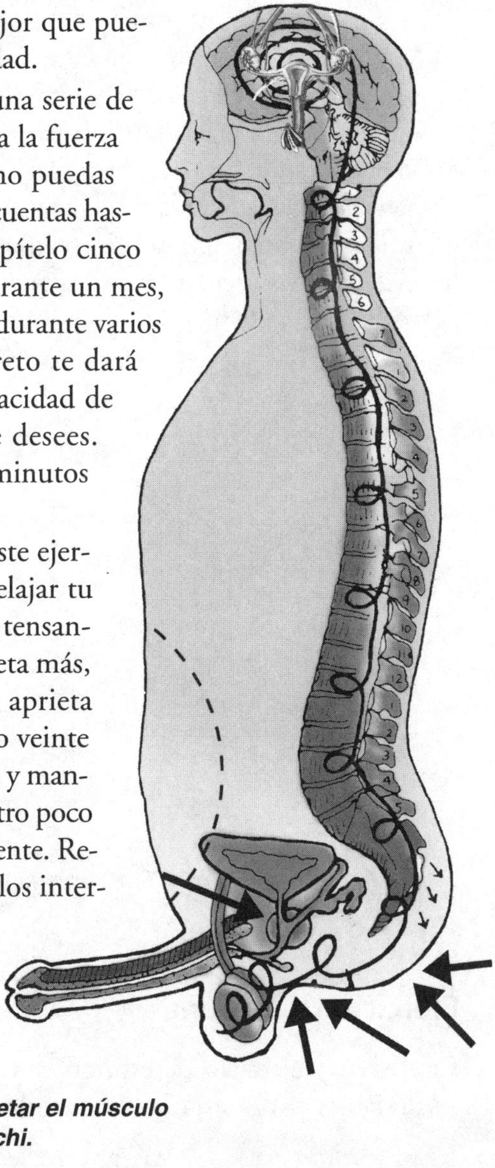

Fig. 9. 16. *Apretar el músculo chi.*

Ejercicio de estiramiento de los testículos

1. Empieza como antes, calentando y estirando la piel de tus genitales.
2. Agárrate los testículos y el pene y empieza a estirar con la espiración, aplanando el estómago y sacando la lengua. Cuando sientas que ya está bien estirado, detente y mantén la tensión durante veinte segundos.
3. Transcurridos esos veinte segundos, relaja unos segundos y vuelve a agarrarte los testículos y el pene.
4. Vuelve a estirar, aunque esta vez estirarás los testículos hacia la izquierda y el pene hacia la derecha. Cuando sientas que están bien estirados, mantén durante veinte segundos. Descansa diez segundos.
5. Vuelve a estirar otra vez, pero esta vez estira los testículos hacia la derecha y el pene hacia la izquierda. Espera hasta sentir que están bien estirados y mantén durante veinte segundos. Descansa diez segundos.
6. Estira otra vez, pero en esta ocasión los testículos van hacia abajo y el pene hacia arriba. Espera hasta sentir que están bien estirados y mantén treinta segundos.

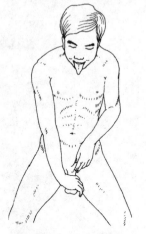 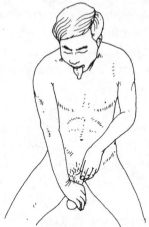

Fig. 9.17. *Estiramiento de los testículos.*

Ejercicio de ordeñar

Éste es otro ejercicio de estiramiento del pene, pero tiene unas propiedades muy saludables para este órgano cuando se practica regularmente. La lengua es parte importante del ejercicio porque está conectada con todos los tendones corporales, y de manera especial con el pene, que está constituido por muchos tendones. Mientras ordeñas, saca la lengua, y así se estirará al mismo tiempo que el pene. Los hombres siempre deben empezar estirando el pene ligeramente, agarrándolo por el glande; a continuación, han de sacar la lengua y estirarla hacia fuera. Rota el pene al mismo tiempo que la lengua extendida, describiendo con ambos un movimiento circular. Cuando el calentamiento haya concluido, aplica el método de ordeñar.

1. Masajea ligeramente el pene hasta conseguir una erección parcial que llene de sangre toda su longitud.
2. Agarra la base (la parte de abajo) del pene con el pulgar y el índice. Esto retiene la sangre dentro del pene. Agarra el contorno del pene, juntando la punta del índice y del pulgar, y aprieta.
3. Con los dedos pulgar e índice tocándose, aprieta el contorno del pene y deslízalos lentamente hacia delante. Esto obliga a la sangre que hay dentro del pene a trasladarse hacia delante, entrando en los cuerpos cavernosos (tejido eréctil) y el glande.
4. Los espacios sanguíneos dentro del pene se alargan cada vez que ordeñas hacia delante. Mientras una mano ordeña hacia delante, hacia el glande, agarra la base del tallo con la otra mano, soltando la mano que ha llegado al glande y repitiendo el movimiento con la mano que queda atrás; repítelo una y otra vez a un ritmo de lento a medio (intervalos de un segundo).
5. Las primeras veces que ordeñan, a algunos hombres les salen bultos, puntos rojos o pequeños cardenales en el glande y en las áreas circundantes. No te preocupes porque esto es perfectamente normal, y se te pasará después de la primera semana. Estos efectos están causados simplemente por el estiramiento de los espacios sanguíneos dentro del pene y la mejora del riego.
6. Al principio, comienza haciendo trescientos movimientos de ordeñar al día (cinco minutos diarios). Síguelo con un calentamiento por frotación de quince minutos. Cada movimiento, desde que la mano agarra la base y se desliza hasta el glande, debe durar un segundo. Repite esto durante una semana y asegúrate también de hacer diariamente cien contracciones del músculo PC. Esto favorecerá la circulación y ayudará a fortalecer tu pene.
7. La segunda semana será mucho más dura que la primera: has de ordeñar continuamente durante diez minutos, seguido de doscientas contracciones del músculo PC. No sueltes a menos que sientas dolor, aunque esto es muy poco probable. Aplica un frotamiento de diez minutos para acabar la sesión.

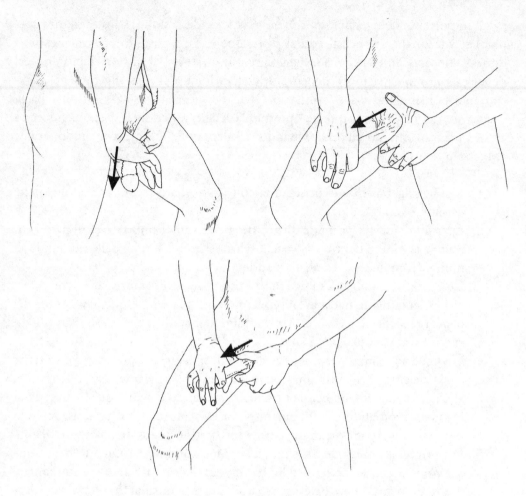

Fig. 9.18. *Ejercicio de ordeñar.*

La elección del lubricante es crucial, porque si eliges uno que se evapore rápidamente, te cansarás de aplicarlo una y otra vez. Puedes usar aceite para bebés con vitamina E (además de ser un buen lubricante, viene bien aplicarlo al pene y los testículos después de ducharse para mantenerlos sanos y tonificados). Si este ejercicio hace que se te formen cardenales en el pene, deja de practicarlo y espera a que los moratones desaparezcan. Siempre puedes practicar las contracciones del músculo PC y los estiramientos, y adquirir el hábito de contraer el músculo PC mientras conduces, te sientas a trabajar, en la escuela, etc. Las contracciones del músculo PC son muy importantes para la salud y el desarrollo general del pene.

Repaso de la técnica de ordeñar y sujetar

Ordeñar y sujetar. El hombre debe incorporar la técnica de ordeñar y sujetar cuando lleve veinte minutos ordeñando. Esto hace que el pene y todo el tejido esponjoso de su interior estén calientes y estirados, de modo que las posibilidades de hacerse daño a causa de un esfuerzo excesivo son mínimas. Este ejercicio estira y da grosor al pene, tanto en estado erecto como flácido.

Calentamiento. Masajéate el pene hasta conseguir una erección y contrae el músculo PC para ponerlo todo lo duro que puedas. Aprieta el músculo PC todo lo que puedas y mantenlo así hasta que perder parcialmente la erección. Ahora es el momento de ordeñar.

Ordeñar. Aplica el lubricante de tu elección y comienza a ordeñar. Mientras tanto, visualiza que el pene se alarga cada vez que llevas el movimiento hasta el glande. Ordeña continuamente durante veinte minutos, no pares. Completada esta parte del ejercicio, descansa un minuto y continúa masajeándote el pene para mantenerlo parcialmente erecto. Ahora vuelves a estar preparado para ordeñar y sujetar.

Ordeñar y sujetar. Empieza a ordeñar como antes, manteniendo un ritmo aproximado de un movimiento cada dos segundos. Después de veinte movimientos, aprieta un poco más de lo normal. Hazlo con firmeza y detén la mano al llegar al glande. Entonces tira con suficiente fuerza como para sentir que todo el pene se estira. Repite la serie de veinte movimientos y después vuelve a ordeñar y sujeta con la otra mano. Continúa con esta rutina una y otra vez hasta completar quinientos movimientos y veinticinco acciones ordeñar y sujetar.

Refrescar. Al final de este ejercicio el pene debe sentirse muy fatigado y parecer bastante «hinchado». Masajea el pene hasta obtener una erección completa y bombea varias veces el músculo PC mientras te masajeas para estirar el pene hasta su pleno potencial. Continúa masajeando y bombeando con el músculo PC hasta que el impulso de eyacular sea muy intenso. Una vez alcanzada esta sensación, flexiona el PC con toda la fuerza disponible, anulando cualquier posibilidad de que el semen traspase el conducto eyaculatorio. Continúa contrayendo hasta que se te pase la urgencia de eyacular; a continuación, repite. Hazlo cinco veces para refrescarte.

CAPÍTULO 10

Órganos internos y los cinco elementos

Las cinco energías elementales, madera, fuego, tierra, metal y agua, abarcan la miríada de fenómenos naturales. Éste es un paradigma que se aplica igualmente a los seres humanos.

El clásico de medicina interna
del Emperador Amarillo (siglo II a.C.)

La pericia sexual, como aspecto de la compatibilidad y de la conducta humana, está determinada por la fuerza de los órganos internos. Para determinar el potencial sexual de una persona por observación es necesario conocer los niveles de energía de los órganos internos de la persona. Haciendo uso de la información derivada de la reflexología sexual, un simple examen de la fisonomía del individuo puede revelar su carácter o disposición, y te ayudará a determinar su naturaleza. Estos principios también pueden ayudarnos a entender mejor nuestro propio potencial oculto.

En la medicina china, los órganos internos son mucho más que simples órganos. Representan las cualidades energéticas asociadas a los cinco elementos. Los cinco elementos se dan a conocer en las cinco fases del movimiento energético cíclico que se produce tanto en la naturaleza como en nosotros mismos. Por ejemplo, el corazón está asociado con el elemento fuego. La cualidad del elemento fuego es radiante, expansiva, brillante y cálida. La estación del corazón es el verano, y ambos comparten las mismas cualidades energéticas. Cada órgano también está asociado con un elemento emocional o mental, de modo que todos tienen sus propias características energéticas, físicas, emocionales y espirituales. El objetivo de la práctica taoísta es mantener los cinco elementos en armonía dentro del cuerpo humano. Cuando los cinco elementos están en armonía, cuerpo, mente y espíritu están equilibrados.

La salud de los órganos internos afecta mucho a nuestra energía sexual. La energía sexual contiene la esencia de los órganos internos. El cuerpo absorbe la energía de más calidad, especialmente de los órganos, para producir esperma u óvulos. Cuando la energía sexual está desequilibrada, esto se refleja en los órganos internos, y cuando uno o más órganos están desequilibrados, la energía sexual queda afectada definitivamente. Los órganos internos y la energía sexual se reflejan mutuamente; cuando uno de estos sistemas mejora, el otro le sigue inmediatamente.

El mejor modo de mantener los cinco elementos en equilibrio y armonía son los seis sonidos sanadores y la sonrisa interna. Estas técnicas han sido comentadas en mi libro *Transforming stress into Vitality.* Recomiendo decididamente el uso de estas técnicas para fortalecer la cualidad energética de los órganos internos.

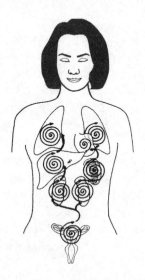

Fig. 10.1. *Absorbe y haz girar la energía en espiral en torno a los órganos.*

Los riñones y el elemento agua

Según la medicina taoísta, los riñones, uno de los cinco órganos vitales, son una de las principales fuentes de energía. Cuando los riñones están llenos de energía, la persona es dinámica, animosa, vigorosa y posee abundante energía sexual. Esto se debe a que la salud de los riñones está directamente relacionada con la salud de los órganos que les corresponden, los genitales, y consecuentemente con la propia capacidad y funcionamiento sexual. Los taoístas conectan los riñones con las orejas, considerándolas las vías de salida al exterior de estos órganos. Observando la forma y condición de las orejas de una persona puede determinarse el estado general y la fuerza de sus riñones.

Los riñones representan el elemento agua en la medicina china. De entre las virtudes, el agua está asociada con la delicadeza o suavidad y de entre las emociones negativas, con el miedo. La delicadeza evoca la energía yin del cuerpo. Para las mujeres, la energía sexual es como el agua. La delicadeza estimula la energía sexual femenina, calentando el elemento agua y preparando el cuerpo para el coito sexual.

Energía femenina del riñón

Para continuar exponiendo la importancia de la energía del riñón en relación con la energía sexual, consideremos la información facilitada en el libro titulado *Ni Ching Su Wen*, el clásico del Emperador Amarillo sobre medicina interna.

> La energía del riñón de una muchacha se hace abundante a los siete años de edad. Sus dientes de bebé empiezan a ser reemplazados por los dientes permanentes, y el pelo empieza a crecerle más. Su meridiano gobernador está abierto. Hacia los catorce años de edad, la mujer empieza a menstruar, y su meridiano de la concepción se abre y comienza a fluir, aumentando enormemente la energía de sus meridianos conectores. Con la menstruación (llamada «Mar de sangre» o Chung Mai en los clásicos), el útero se completa y la joven es capaz de concebir. A la edad de veintiún años, la energía del riñón de la mujer está plenamente desarrollada. Al llegar a la edad adulta, todos sus dientes están plenamente desarrollados y sus últimos molares ocupan su lugar. Sus meridianos «Yang Ming» ahora están llenos y conectan con su cara. En este periodo es cuando la mujer está más bella y radiante.

Esta descripción nos muestra cómo entender el desarrollo de los órganos internos a partir de la observación de factores externos (por ejemplo, los dientes, el pelo y la menstruación), pues la combinación de todos ellos indica el nivel de desarrollo de los riñones.

Por tanto, todas las estructuras superficiales del cuerpo (los ojos, las orejas, los dientes, la nariz, los dedos, etc.) son relevantes para la sexualidad humana porque reflejan los órganos internos.

Masaje de riñones

La estimulación y energetización de los riñones es de vital importancia para tener una energía sexual sana. Pon las dos manos sobre los riñones, en la parte baja de la espalda, justo encima de la última costilla.

Comienza masajeándote vigorosamente la zona de los riñones con las palmas, sintiendo que el calor penetra profundamente en estos órganos. Frótate vigorosamente la parte baja de la espalda, por encima de los riñones, y a continuación baja hasta el sacro. Siente que toda esta zona está abierta y energetizada. Después de unos minutos de masaje, deja que las palmas descansen sobre los riñones y proyecta energía sobre ellos. Puedes visualizar que una brillante luz azul penetra en los riñones, transformando cualquier energía negativa en positiva.

Otra buena manera de estimular los riñones es golpearse ligeramente la parte baja de la espalda sin cerrar el puño. Golpéate hasta abajo, hasta el sacro, y vuelve a subir hasta los riñones, llevando esta vibración a toda la parte baja de la espalda. Repítelo unas nueve veces.

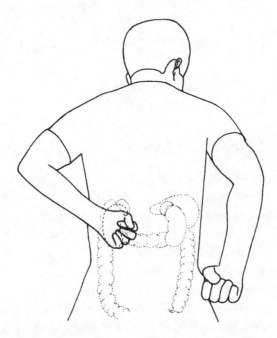

Fig. 10.2. *Golpearse los riñones ayuda a retirar los sedimentos.*

Masaje de las orejas

Las orejas, según la medicina china, son una extensión de la energía del riñón. Uno de los modos de estimular la energía de los riñones es masajearse las orejas, que tienen más de ciento veinte puntos de presión. Esto activa directamente la energía sexual, y por eso las parejas se besan, mordisquean y acarician mutuamente las orejas de manera natural.

Coloca los dedos pulgar e índice en las orejas. Masajéate toda la oreja, presionándola para estimular la energía de todo el cuerpo. Besar o mordisquear suavemente las orejas de tu pareja es un modo de activar y distribuir energía sexual por todo su cuerpo.

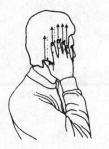  

a) Frótate la parte anterior y posterior de las orejas

b) Frótate las orejas

c) Tira de los lóbulos de las orejas hacia abajo

Fig. 10.3. *Automasaje chi.*

El corazón y el elemento fuego

El corazón, que tiene una fuerte conexión con el centro sexual, está asociado con el elemento fuego, y es el centro energético de la pasión y del afecto. Se le conoce como el «rey» de todos los órganos internos porque hace circular la sangre y la energía por todo el sistema. El elemento fuego está asociado con el amor y la alegría, y con las emociones negativas odio y crueldad. Las emociones negativas surgen cuando la energía no fluye y congestiona el corazón. ¿Has notado alguna vez que cuando no comunicas lo que hay en tu corazón y contienes las emociones se produce una sensación de congestión? Así es como se forma la energía negativa: la energía se vuelve negativa cuando no puede fluir. El atasco de energía en el corazón es uno de los mayores problemas sexuales que hemos de afrontar; cuando esto ocurre, resulta difícil sentir profundamente y conectar con tu pareja. De modo que cuando alguien que está en relación no comunica lo que está sintiendo en su corazón, la energía se congestiona, provocando emociones negativas. Expresar lo que uno tiene en el corazón de manera clara y controlada libera esa energía y la transforma en positiva.

Es muy saludable establecer una conexión íntima entre el corazón y el centro sexual. En el Tao se considera que la energía amorosa y la energía sexual son las dos energías más intensas del cuerpo.

La energía fuego también está asociada con la alegría y el regocijo. Es la energía fogosa del corazón la que abre el centro sexual, por eso el enamoramiento lleva al deseo sexual. Muchas de las meditaciones taoístas están dirigidas a equilibrar el corazón y el centro sexual. Incluso las meditaciones taoístas de nivel avanzado llamadas Kan y Li (fuego y agua) trabajan en la unificación de estas dos energías, haciendo circular su enorme potencia por todos los meridianos.

Kung fu de la lengua

La lengua es el órgano sensorial del elemento fuego y es una extensión energética del corazón. Ejercitar la lengua es una buena manera de abrir el corazón y de activar la energía sexual.

Existe una fuerte conexión entre la lengua, el corazón y el centro sexual. Por eso los amantes se besan con la lengua, y en algunas culturas esto es tan íntimo como hacer el amor.

Para hacer este ejercicio, pon la punta de la lengua frente a los dientes superiores, sin abrir los labios. Dibuja un círculo hacia abajo, con la lengua siempre dentro de los labios. Continúa trazando círculos por delante de los dientes y dentro de los labios hasta llegar aproximadamente a 36; a continuación, cambia la dirección de giro y repite.

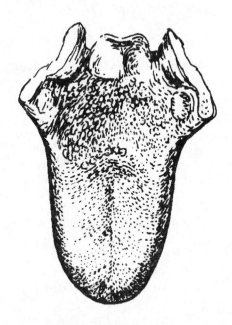

Fig. 10.4. *Lengua.*

Ahora masajéate vigorosamente la parte plana de la lengua contra la parte alta del paladar. Siente el calor que se genera en la cabeza y en la totalidad del cuerpo.

El calor es una señal segura de que el elemento fuego está activado en el corazón y en el centro sexual. Masajéate la lengua contra la parte alta del paladar al menos treinta y seis veces.

Masaje del pecho para abrir el corazón

Masajéate el pecho con los dedos o con los nudillos. Es recomendable usar los nudillos si se quiere aumentar la presión. Busca las áreas blandas a lo largo del esternón y entre las costillas, a lo largo del pecho. Presiónalas suavemente, masajeándolas hasta que sientas una liberación de energía. Es particularmente recomendable dedicar tiempo a masajear el esternón, liberando la energía emocional que congestiona el centro corazón. Para acabar, ponte las manos sobre el pecho y proyecta energía hacia la zona del corazón; visualiza una luz cálida, roja y brillante en este órgano. Siente la conexión entre el corazón y el centro sexual.

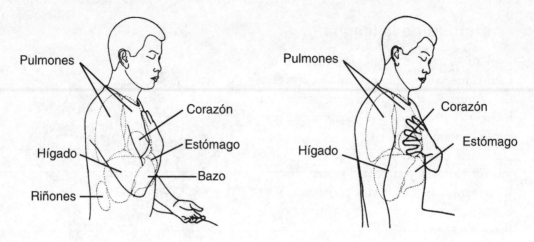

Fig. 10.5. *Pon la palma de la mano sobre el pecho para abrir el corazón.*

Pulmones y el elemento metal

Los pulmones son los órganos de la respiración que nos mantienen íntimamente conectados con el universo. Cuando inspiramos, llevamos a nuestro interior el cuerpo del universo y cuando espiramos, devolvemos al universo una parte de nosotros. La respiración es una metáfora del dinámico intercambio de energía que caracteriza la vida. Representa el dar y el recibir, el flujo y el reflujo, lo masculino y lo femenino. Mediante la simple observación de la dinámica respiratoria somos testigos del equilibrio entre yin y yang, y del constante flujo e intercambio de energía vital en el universo. Las relaciones entre hombre y mujer son parte de este intercambio universal que crea armonía y equilibrio entre los aparentes opuestos.

El ritmo respiratorio siempre refleja cómo nos sentimos. Cuando estamos excitados sexualmente, la respiración se hace más profunda y plena, bombeando energía a todo el cuerpo. Si la energía de los pulmones es débil o está congestionada, resulta difícil excitarse. La energía negativa asociada a los pulmones es la depresión, que a su vez es una de las principales causas de impotencia y falta de energía sexual. Por otra parte, cuando la energía fluye libremente en los pulmones, tenemos un sentimiento de coraje y autoexpresión. La energía positiva en los pulmones te permite inspirar vida, experimentar la vida. Para poder sentirse excitado sexualmente, la totalidad del cuerpo tiene que sentirse vivo y lleno de energía, y eso es lo que consiguen los pulmones cuando están sanos.

Masaje de los puntos de los pulmones

Abre y estimula los pulmones golpeándote ligeramente el pecho sin cerrar el puño. Esto abre la caja torácica y relaja el diafragma. Golpéate inmediatamente por debajo de las clavículas para activar los puntos de los riñones y estimular el meridiano del pulmón. Continúa golpeándote a lo largo del pecho durante al menos un minuto con las dos manos. Seguidamente, siente el cosquilleo que se ha producido en toda la zona. Toma dos o tres respiraciones profundas. Siente que los pulmones se abren y se energetizan.

Hígado y el elemento madera

El hígado está asociado con el elemento madera y con las virtudes bondad y perdón. Las emociones negativas asociadas al hígado son frustración (frustración sexual) e ira. Si la energía del hígado está congestionada, no podemos relajarnos. La relajación es una cualidad indispensable para gozar de buena salud sexual; cuando estamos tensos y constreñidos, la energía no fluye.

El hígado transfiere una tremenda cantidad de energía al centro sexual. El elemento madera juega un papel fundamental en el fortalecimiento de la erección masculina y proporciona la energía expansiva que hincha la vagina cuando la mujer se excita sexualmente. Cuando la energía madera se queda bloqueada, a los hombres les cuesta tener erecciones aunque se sientan excitados, y las mujeres pueden tener dificultades para llegar al orgasmo. Generalmente, la relajación profunda resuelve estos problemas. La liberación de la congestión hepática permite que la energía madera fluya al centro sexual.

Masaje de los pies

El meridiano del hígado baja por las piernas hasta los pies. Masajearse los pies es una buena manera de relajar el cuerpo y de estimular el elemento madera. Cuando el cuerpo es capaz de relajarse más profundamente, el centro sexual se beneficia de ello. Si el cuerpo está tenso y estresado, la energía sexual queda constreñida. Masajéate los pies con las dos manos. Presta especial atención a los pulgares de los pies porque los meridianos del hígado acaban en ellos. Dedica al menos cinco minutos a cada pie para asegurarte que la energía se movilice hacia el cuerpo. Si quieres incrementar la energía sexual de tu pareja inmediatamente, chupa o mordisquéale los pulgares de los pies.

Bazo

El bazo está asociado con el elemento tierra y las virtudes equilibrio y apertura. Las emociones negativas asociadas con el bazo son preocupación y ansiedad. Cuando el elemento tierra está desequilibrado, uno está desconectado de sus sensaciones corporales, por lo que resulta difícil sentirlas. Por ejemplo, cuando se congestiona la energía del bazo, la mente se activa en exceso. Este exceso de actividad mental es lo que produce la preocupación y la ansiedad. Cuando se tiene demasiada energía en la cabeza resulta difícil mantenerse en contacto con el cuerpo.

Si fluye la energía en el elemento tierra, somos capaces de sentir nuestro centro y nuestra conexión con la totalidad de la vida. Cuando nos sentimos conectados con nosotros mismos, somos capaces de conectar con los demás, tanto sexual como emocionalmente.

Masaje del abdomen

Masajéate el abdomen dibujando un suave círculo de izquierda a derecha, siguiendo el flujo digestivo. El abdomen es el centro del cuerpo. Cuando el abdomen está lleno de energía, el cuerpo entero se llena de energía. (Para entender más cosas sobre los órganos internos y la energía del abdomen es recomendable leer mi

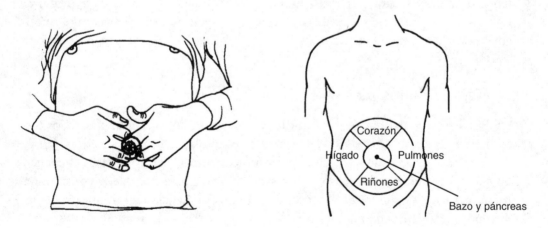

Fig. 10.6. *La clave fundamental para mantener la salud es eliminar diariamente tensiones, preocupaciones y toxinas, y mantener un buen nivel de energía sexual masajeándose el abdomen.*

libro *Chi Nei Tsang*.) Continúa moviendo las manos alrededor del abdomen hasta completar 36 círculos. Siente con la punta de los dedos cualquier posible tensión o congestión. Trabaja el abdomen sintiendo que se liberan las tensiones. Trabaja también la respiración mientras te masajeas, tratando de dirigir la respiración hacia el vientre. Recuerda que los órganos proporcionan energía al centro sexual. Cuando la zona abdominal se llena de energía, el centro sexual se equilibra y armoniza.

CAPÍTULO 11

El arte secreto de la cámara de jade

En *El clásico de la doncella arcana*, un antiguo texto taoísta, la doncella elemental revela las *artes de alcoba* al Emperador Amarillo. Se dice en el texto que una mujer con abundante yin y muy poco yang es más deseable sexualmente. En el lenguaje actual podríamos decir que la mujer sexualmente deseable tiene abundancia de hormonas femeninas.

No hay alegría en el yang sin yin, y el yin sin yang es pasivo. En casos así, el hombre desea copular, pero la mujer se siente infeliz, o la mujer desea copular, pero el hombre no siente deseo. Cuando los corazones no están sintonizados, no se produce la activación de las esencias. De este modo no se siente amor ni placer. Sin embargo, si el hombre corteja a la mujer y la mujer coteja al hombre, se produce una fusión de sus mentes y deseos. Cada uno de los amantes se deleita en el corazón del otro. Cuando siente surgir la pasión, la mujer acaricia el bastón de jade masculino y le da el poder necesario para entrar en su terraza preciosa. Esto produce en ambos abundantes secreciones. El bastón de jade, muy agrandado, se mueve unas veces lentamente y otras con rapidez. La puerta de jade se abre para facilitar la entrada del poderoso adversario y absorber su esencia, que irriga la cámara escarlata.

En respuesta al yang masculino, la mujer muestra los síntomas siguientes: «Sus orejas se calientan como si hubiera bebido ricos vinos. Sus pechos sobresalen para llenar las manos del hombre. El cuello se mueve y las piernas tiemblan agitadamente. Ella intenta contener sus movimientos lascivos, pero enseguida se pega al cuerpo de él, presionándolo y palpándolo suavemente.» (Está describiendo una técnica básica del masaje chino dirigido a los puntos de acupuntura. La variedad erótica de la técnica de acupresión es un eficaz afrodisíaco.)

A continuación, el texto pasa a explicar al emperador la razón por la que hay que esperar las *cuatro realizaciones*. El texto dice: «Si el bastón de jade no está enfadado, la esencia armoniosa del hombre todavía no ha llegado. Si está tieso pero no está caliente, el espíritu de su esencia muscular aún no ha llegado. Si está grande pero todavía no está tieso, la esencia ósea todavía no ha llegado. Cuando está rígido pero no caliente, la esencia espiritual no ha llegado.» Para ponerse en acción, entonces, han de cumplirse estas cuatro condiciones, aunque el hombre ya tenga una erección.

A continuación, el emperador pregunta por las *nueve esencias* de la mujer. Se pregunta cuáles son y cómo saber que están activadas. La doncella arcana dice: «Cuando una mujer suspira profundamente y traga, la esencia de sus pulmones ha sido activada. Si emite pequeños gritos y chupa la boca de él, la esencia del corazón ha sido activada. Cuando su puerta yin está húmeda y resbaladiza, la esencia del riñón ha sido activada. Si ella le envuelve y le abraza, la esencia del bazo ha sido activada. Cuando ella le muerde suavemente, su esencia ósea ha sido activada. Finalmente, cuando ella acaricia su bastón de jade, la esencia de su sangre está activada.»

La doncella elemental también explica los *cinco deseos:* «Si la mujer contiene la respiración y retiene su energía, su mente desea la unión sexual. Si sus dos fosas nasales y su boca están dilatadas, su vulva quiere la unión. Si ella abraza al hombre repentinamente, quiere llegar al clímax. Si el sudor empapa su ropa, ella quiere que se llene su corazón. Si endereza su cuerpo y cierra los ojos, está cerca del éxtasis.»

A continuación se mencionan los *cinco síntomas* de la mujer y se hace una recomendación al hombre para que responda adecuadamente. «Cuando tenga la cara ruborizada, comienza gradualmente el coito. Cuando tenga los pechos llenos y la nariz cubierta de sudor, introduce lentamente el tallo de jade. Cuando ella tenga la garganta seca y trague, balancea el bastón de jade sin prisa. Cuando su gruta esté resbaladiza, penetra lentamente hasta su profundidad. Cuando sus fluidos fluyan hacia los glúteos, retira lentamente el bastón de jade.» La doncella elemental parece estar dando consejos al hombre, pero sus instrucciones se limitan a las primeras etapas del encuentro antes de que llegue el apasionamiento.

Además, la doncella elemental comenta los *diez movimientos* de la mujer en la dulce agonía de la pasión, y la apremia a mantenerse fuerte: «Si ella le abraza con los brazos, desea juntar los cuerpos y poner en contacto los genitales. Si ella extiende los muslos, quiere frotar la parte superior de la vulva contra él. Si ella mete el estómago, quiere tener un orgasmo. Si mueve los glúteos, desea que la penetren profundamente a izquierda y derecha. Si ella levanta su cuerpo contra él, su alegría libidinal es grande. Si ella se estira longitudinalmente, sus miembros y su cuerpo disfrutan. Si sus fluidos sexuales son resbaladizos, ha alcanzado el orgasmo. Observa estos movimientos en las *Nueve posturas originales* y sabrás lo intenso que es su éxtasis.»

Las nueve posturas originales de la «Doncella arcana»

Fig. 11.1. *Dragones dando volteretas.* La mujer se tumba de espaldas con el hombre postrado sobre ella. Ella presiona con los muslos hacia la cama. Tomando su bastón de jade, ella empuja su vulva. Él se dirige a su semilla cereal (clítoris) y asalta su parte superior con penetraciones tranquilas y calculadas: ocho superficiales y dos profundas. Entrando muerto, el bastón regresa vivo, habiendo adquirido más

fuerza y vigor. Ella
está agitada aun-
que gozosa, ale-
gre como una
doncella
cantarina.
Evitar la
eyaculación
dispersa
cien enfermedades.

Fig 11.2. *Tigres andando.* La mujer se pone a gatas con los glúteos hacia arriba y mantiene la cabeza baja. Arrodillado detrás de ella, el hombre la agarra por el estómago. Inserta su bastón de jade, penetrando hasta la parte más interna de ella tan profunda e íntimamente como le es posible. Ambos se turnan avanzando y atacando; hacen ocho penetraciones repetidas cinco veces. Mientras los fluidos de ella rebosan, la puerta de jade se abre y se cierra. Seguidamente, se toman un descanso. El hombre se hará más viril y las cien enfermedades desaparecerán. La doncella arcana da a esta postura el nombre de *tigres andando* porque los participantes avanzan y retroceden como un par de tigres. En esta posición, el bastón de jade no estimula el clítoris, pero puede penetrar hasta el corazón de la flor. «Ocho penetraciones, cinco veces», suman un total de cuarenta penetraciones, con una breve pausa después de cada serie de ocho.

Fig. 11.3. *Monos luchando.* La mujer yace de espaldas, el hombre sostiene sus muslos con los hombros y empuja sus rodillas más allá de los pechos, levantando sus glúteos y espalda. El hombre inserta su bastón de jade y apuñala su ratón perfumado. Ella tiembla y se balancea. Sus flujos fluyen como la lluvia. Él empuja profundamente, sin moverse. El bastón de jade se fortalece y se enfada. Él se detiene cuando ella está exultante. Las cien enfermedades se curan solas.

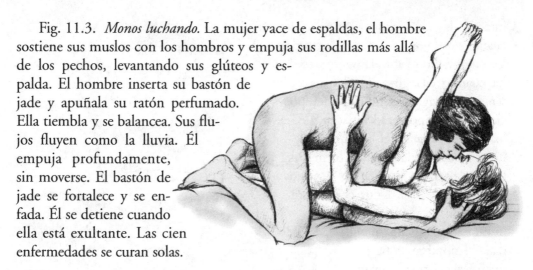

Fig. 11.4. *Cigarras pegadas.* La mujer yace sobre su estómago y extiende su cuerpo. Tumbado sobre su espalda, el hombre inserta profundamente su bastón de jade. Él levanta sus glúteos ligeramente para poder tocar delicadamente sus perlas escarlata durante un total de nueve penetraciones, repetidas seis veces. Excitada la mujer, sus fluidos fluyen. Su yin interior late con rapidez mientras la parte externa se extiende y se abre. Él se detiene cuando ella disfruta. Las siete lesiones se eliminan por sí mismas. (Cuando se entra por detrás, la penetración es bastante superficial y la movilidad es limitada. Las «perlas escarlata» son los labios menores y «yin», la vagina.)

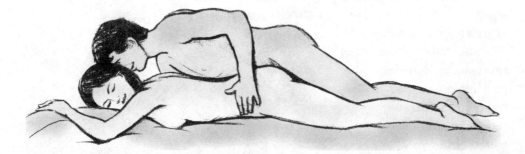

Fig. 11.5. *Tortugas montando.* La mujer se tumba de espaldas, elevando las piernas con las rodillas dobladas. El hombre empuja sus pies hasta que tenga las rodillas sobre los pechos. Él inserta profundamente su bastón de jade, apuñalando ocasionalmente su niña pequeña. Penetrando con cuidado, a fondo y superficialmente, él llega a su semilla cereal (clítoris). Ella se siente embargada por una

intensa alegría, tiembla y yergue su torso. En cuanto sus flujos empiezan a desbordarse, él la penetra más profundamente y se detiene cuando ella goza. Si él no pierde semen, su vigor se multiplicará por cien. (En esta postura, similar a la de los *monos luchando,* el hombre sostiene las piernas de la mujer en lugar de su trasero. Ésta era otra de las posturas favoritas de los antiguos chinos porque permite una penetración profunda y mucha movilidad. El nombre «niña pequeña» se refiere a las glándulas vestibulares, situadas entre los labios menores.)

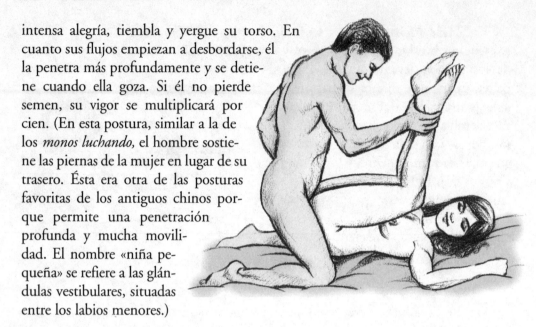

Fig. 11.6. *Fénix alzando el vuelo.* La mujer se tumba y eleva las piernas mientras el hombre se arrodilla entre sus muslos, apoyando las manos en el colchón. Él desliza su bastón de jade profundamente, horadando su roca combinada. Rígido y caliente, él lo va guiando y pide a la mujer que comience a moverse. Realiza ocho penetraciones y las repite tres veces. Mientras sus traseros se atacan mutuamente con rapidez, su yin se abre y expande, segregando flujos. Él se para cuando ella goza y así desaparecen las cien enfermedades. (En este caso, los movimientos coitales son realizados principalmente por la mujer.) El «fénix» se refiere al mítico pájaro chino *feng huang,* y «Roca combinada» significa una profundidad de diez centímetros.

Fig. 11.7. *Conejo lamiéndose el pelo.* Tumbado de espaldas, el hombre estira las piernas. La mujer monta su cuerpo poniendo las rodillas a los lados. Ella mira hacia los pies del hombre, dando la espalda a su cara. Entonces ella se agarra al colchón y baja la cabeza mientras él inserta su bastón de jade hasta horadar las cuerdas del laúd. Ella celebra que sus flujos manen como una fuente. Se siente gozosa con este armonioso placer, que mueve su espíritu y su cuerpo. Cuando ella goza, él se detiene. Las cien enfermedades no harán acto de presencia. (Las «cuerdas del laúd» significa tres centímetros dentro de su yin. En una penetración tan superficial, la mujer necesita práctica para impedir que los órganos sexuales de ambos se separen. El «conejo que lame» es el órgano masculino.)

Fig. 11.8. *Pez uniendo sus escamas.* El hombre se tumba de espaldas y la mujer se sienta a horcajadas sobre su cuerpo. Ella se inserta lenta y cuidadosamente su bastón de jade, deteniéndose cuando él ha entrado muy poco. En lugar de penetrarla a fondo, él, imitando a un bebé, chupa sus pechos. La mujer se balancea a su propio ritmo durante un buen rato. Él retira su bastón cuando ella goza. Esto cura todas las enfermedades relacionadas con la coagulación.

Fig. 11.9. *Grullas entrelazando sus cuellos.* Mientras el hombre se pone en cuclillas, la mujer cabalga sus muslos, rodeándole el cuello con las manos. Ella se inserta su bastón de jade, dejando que corte su capullo de trigo y pinche su semilla. El hombre agarra el trasero de la mujer para ayudarla a moverse y balancearse. Ella siente una gran alegría, sus flujos fluyen y burbujean. Él se detiene mientras ella goza. Las siete enfermedades se curarán de manera natural. (Ésta es otra posición con la mujer encima, lo que le da un poco menos de movilidad y hace que la penetración sea más superficial. «Capullo de trigo» es una profundidad de cinco centímetros, y la «semilla» es el clítoris.)

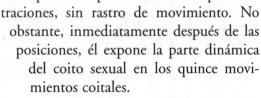

Treinta posturas místicas

El maestro místico consideró sus treinta posiciones como una ampliación de las nueve posturas originales de la «Doncella arcana». Nombró cada posición, ofreciendo una descripción muy breve, a veces críptica. Sus posiciones son simples ilustraciones, sin rastro de movimiento. No obstante, inmediatamente después de las posiciones, él expone la parte dinámica del coito sexual en los quince movimientos coitales.

Fig. 11.10. *Gusanos de seda enredados.* Tumbada de espaldas, la mujer abraza el cuello del hombre mientras cruza los pies por encima de su espalda. Él pone sus rodillas entre los muslos extendidos de ella mientras agarra su cuello. A continuación, inserta su bastón de jade.

Fig. 11.11. *Dragones retorciéndose*. Doblando las piernas, la mujer se tumba de espaldas y el hombre se arrodilla entre sus muslos. El hombre empuja los pies de la mujer hacia delante, más allá de sus pechos. Ayudándose con la mano derecha, él penetra con su bastón de jade en la puerta de jade. (Ésta es una versión de las posturas *monos luchando* y *tortugas montando* de la «Doncella arcana».)

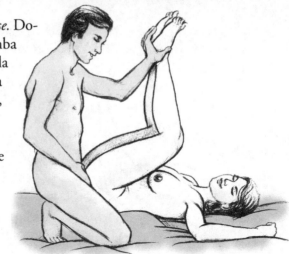

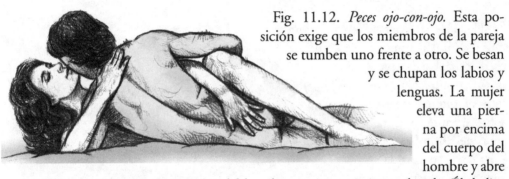

Fig. 11.12. *Peces ojo-con-ojo*. Esta posición exige que los miembros de la pareja se tumben uno frente a otro. Se besan y se chupan los labios y lenguas. La mujer eleva una pierna por encima del cuerpo del hombre y abre sus piernas ligeramente. Una mano del hombre sostiene su pierna elevada. Él desliza su bastón de jade dentro de su gruta de cinabrio. (Esta posición libera de sentir el peso corporal del otro miembro de la pareja.)

Fig. 11.13. *Vencejos compartiendo un solo corazón*. La mujer se tumba de espaldas y estira las piernas. El hombre se arrodilla sobre su estómago abrazándole el cuello con las manos. Ella abraza su cintura con las manos. Él desliza su bastón de jade dentro de su gruta de cinabrio.

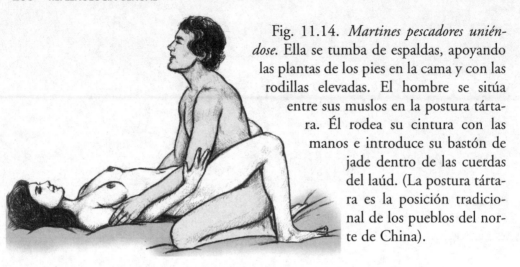

Fig. 11.14. *Martines pescadores uniéndose*. Ella se tumba de espaldas, apoyando las plantas de los pies en la cama y con las rodillas elevadas. El hombre se sitúa entre sus muslos en la postura tártara. Él rodea su cintura con las manos e introduce su bastón de jade dentro de las cuerdas del laúd. (La postura tártara es la posición tradicional de los pueblos del norte de China).

Fig. 11.15. *Patos mandarines juntándose*. La mujer, tumbada sobre un costado, dobla las piernas. A continuación, coloca su pierna superior sobre el muslo o el trasero del hombre. Él mira hacia su espalda y monta sobre su muslo inferior, levantando una rodilla contra el muslo superior. Seguidamente, él desliza su bastón de jade.

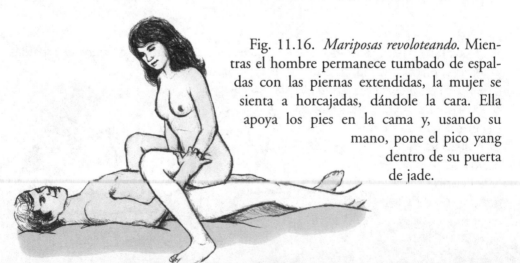

Fig. 11.16. *Mariposas revoloteando*. Mientras el hombre permanece tumbado de espaldas con las piernas extendidas, la mujer se sienta a horcajadas, dándole la cara. Ella apoya los pies en la cama y, usando su mano, pone el pico yang dentro de su puerta de jade.

Fig. 11.17. *Patos salvajes volando hacia atrás.* El hombre se tumba de espaldas y estira las piernas. La mujer se sienta sobre él, dándole la espalda, y se apoya con los pies en la cama. Ella baja la cabeza, toma su bastón de jade y se lo inserta en la gruta de cinabrio.

Fig. 11.18. *Abrigando el pino inclinado.* La mujer se tumba de espaldas y rodea con las piernas la cintura del hombre. Ambos se abrazan por las caderas mientras él inserta el bastón de jade en la puerta de jade.

Fig. 11.19. *Bambú junto al altar.* En esta postura, el hombre y la mujer están de pie uno frente al otro, abrazándose y besándose. Con su pico yang, él parte en dos su gruta de cinabrio, llegando hasta su terraza yang.

Fig. 11.20. *Fénix sosteniendo su plumaje.* Una mujer grande y voluminosa puede unirse con un hombre más pequeño creando una buena unión amorosa. ¡Esta postura es excelente!

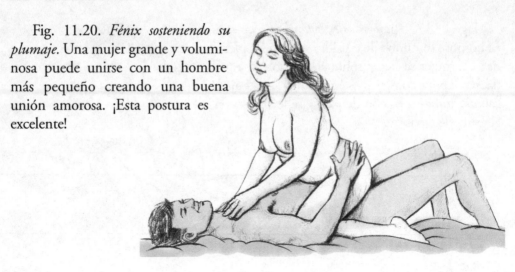

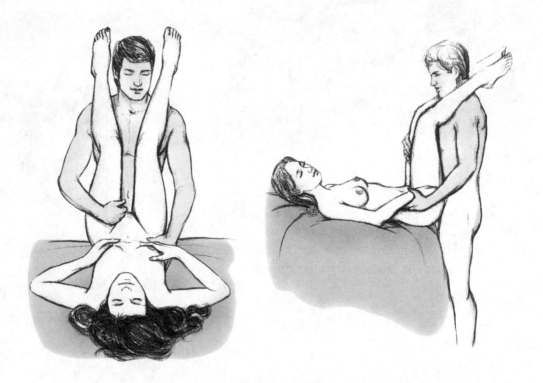

Fig. 11.21. *Gaviotas elevándose.* El hombre está cerca del borde de la cama; desde allí, eleva las piernas de la mujer e inserta su bastón de jade en su pequeño palacio.

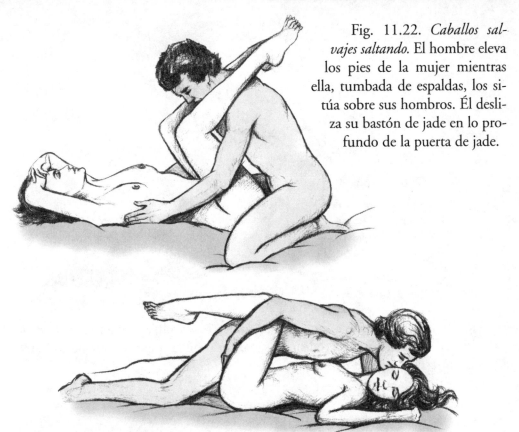

Fig. 11.22. *Caballos salvajes saltando*. El hombre eleva los pies de la mujer mientras ella, tumbada de espaldas, los sitúa sobre sus hombros. Él desliza su bastón de jade en lo profundo de la puerta de jade.

Fig. 11.23. *Corceles galopando*. La mujer se tumba de espaldas. El hombre, reclinándose, le rodea el cuello con una mano mientras le eleva una pierna con la otra. Él introduce su bastón de jade dentro de su pequeño palacio.

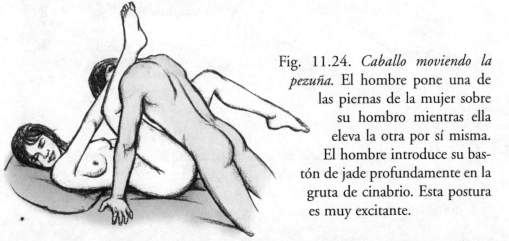

Fig. 11.24. *Caballo moviendo la pezuña*. El hombre pone una de las piernas de la mujer sobre su hombro mientras ella eleva la otra por sí misma. El hombre introduce su bastón de jade profundamente en la gruta de cinabrio. Esta postura es muy excitante.

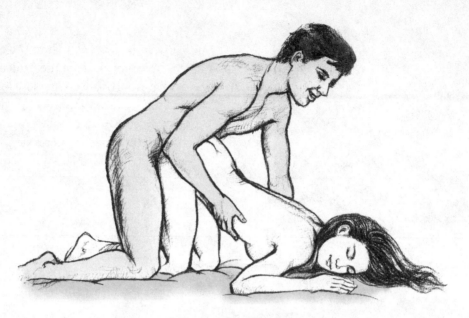

Fig. 11.25. *Tigre blanco saltando.* La mujer se arrodilla y mantiene el rostro pegado a la cama. El hombre, rodeando su cintura con las manos, se arrodilla detrás de ella e inserta su bastón de jade en su pequeño palacio.

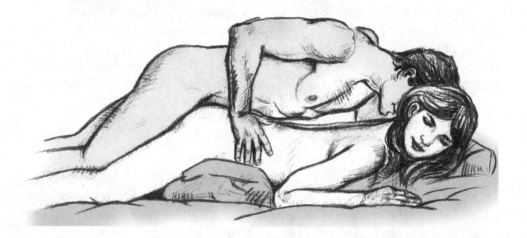

Fig. 11.26. *Cigarras pegadas en la sombra.* La mujer se tumba sobre su estómago y extiende las piernas. Con sus piernas dobladas entre los muslos de ella, el hombre se agarra a los hombres de la mujer. A continuación, inserta su bastón de jade por detrás en la puerta de jade.

Fig. 11.27. *Cabra abrazando el árbol.* El hombre está sentado con las piernas extendidas. Dándole la espalda, la mujer se sienta sobre su regazo. Mientras ella baja la cabeza para observar cómo inserta su bastón de jade, él abraza vigorosamente su cintura, dirigiéndola y penetrándola.

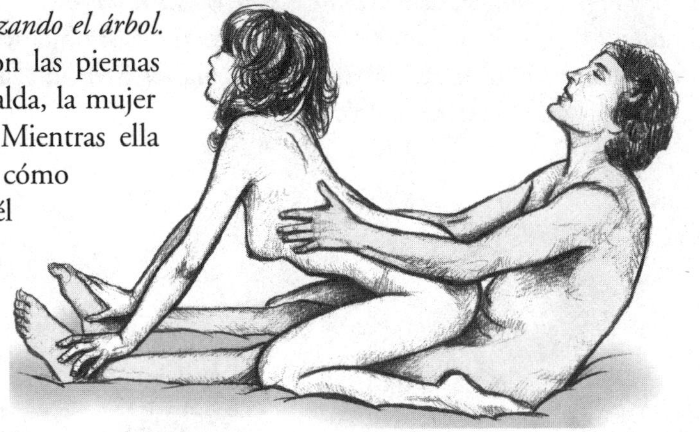

Fig. 11.28. *Gallo salvaje entrando en escena.* El hombre se pone en cuclillas sobre la cama al estilo tártaro mientras una joven sirvienta toma su bastón de jade y lo inserta en la puerta de jade de su pareja. La doncella se retira y tira de los dobladillos de la falda de la mujer para estimular sus piernas. ¡Muy excitante!

Fig. 11.29. *Fénix practicando en la gruta de cinabrio.* La mujer levanta los pies mientras permanece tumbada de espaldas. El hombre pone las rodillas a ambos lados, apoyándolas en la cama. Él penetra con su bastón de jade en su gruta de cinabrio. ¡Extremadamente elegante!

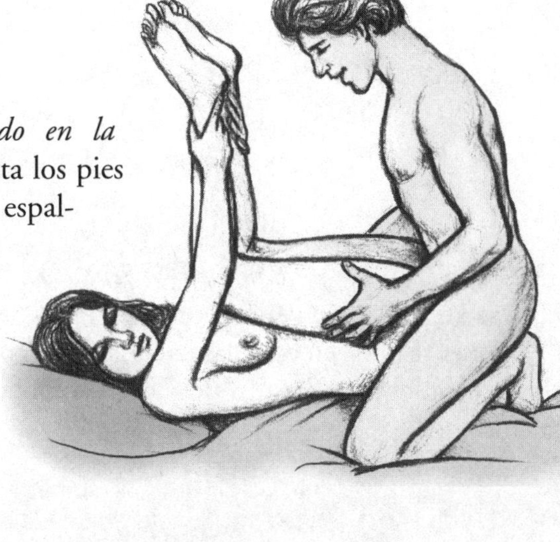

Fig. 11.30. *Roca elevándose sobre el oscuro mar.* Con la mujer tumbada de espaldas, el hombre apoya las piernas de ella sobre sus brazos. Estirando las manos para abrazar su cintura, él inserta su bastón de jade.

Fig. 11.31. *Simio canturreando y abrazando el árbol.* Sentado, el hombre estira las piernas. La mujer abre los muslos y lo abraza. Una de las manos del hombre sostiene el trasero de la mujer y con la otra se apoya en la cama. El hombre desliza su bastón de jade.

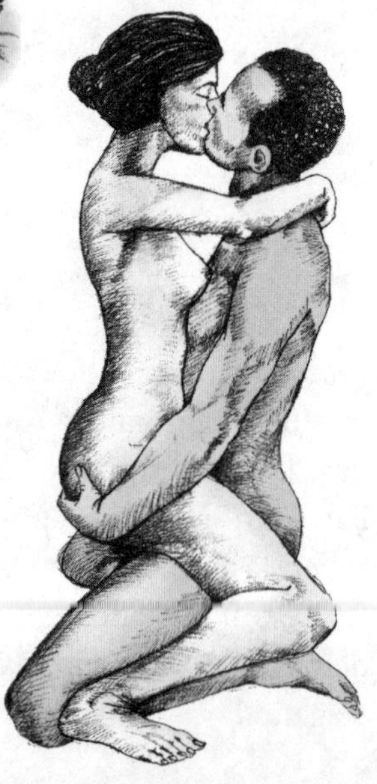

Fig. 11.32. *Gato y ratón compartiendo agujero.* El hombre se arrodilla y se yergue sobre los pies y las rodillas. La mujer se pone en cuclillas encima de él, con los muslos separados y su bastón de jade penetrándola hasta el fondo.

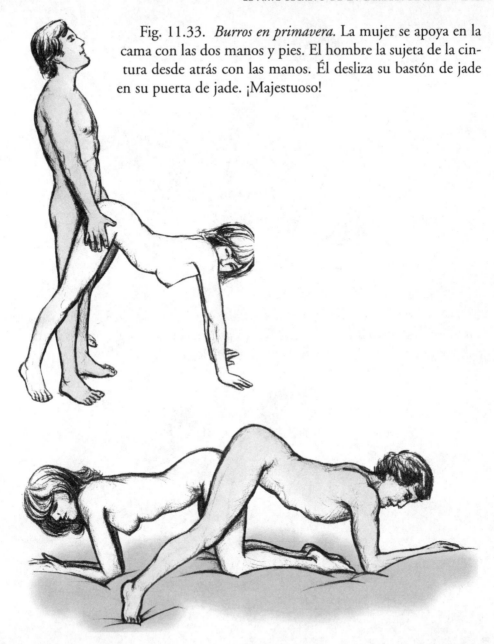

Fig. 11.33. *Burros en primavera.* La mujer se apoya en la cama con las dos manos y pies. El hombre la sujeta de la cintura desde atrás con las manos. Él desliza su bastón de jade en su puerta de jade. ¡Majestuoso!

Fig. 11.34. *Perro de otoño.* Tanto el hombre como la mujer se apoyan en la cama con manos y pies. Están espalda con espalda, con sus traseros apoyados uno contra otro. El hombre baja la cabeza y, usando la mano, empuja su bastón de jade dentro de la puerta de jade.

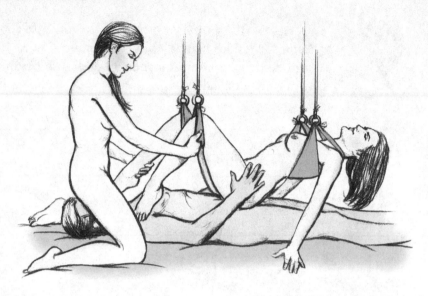

Fig. 11.35. *Araña atrapada en su telaraña.* Aquí, la mujer cuelga libremente de un entramado de cuerdas sujetas al techo. Es algo parecido a un columpio o a estar montada sobre una barra horizontal. La mujer abre los muslos.

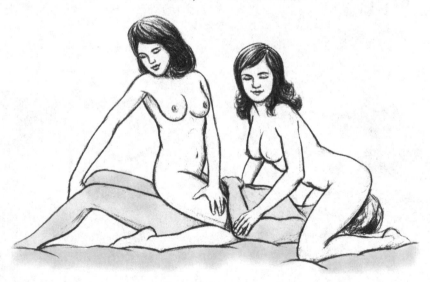

Fig. 11.36. *La fiesta de los ponis.* El hombre se tumba de espaldas. Una mujer lo monta y la otra se sienta sobre su cara. (Debe mencionarse que, en la antigua China, esta unión familiar era perfectamente respetable, ya que el país era tradicionalmente polígamo.)

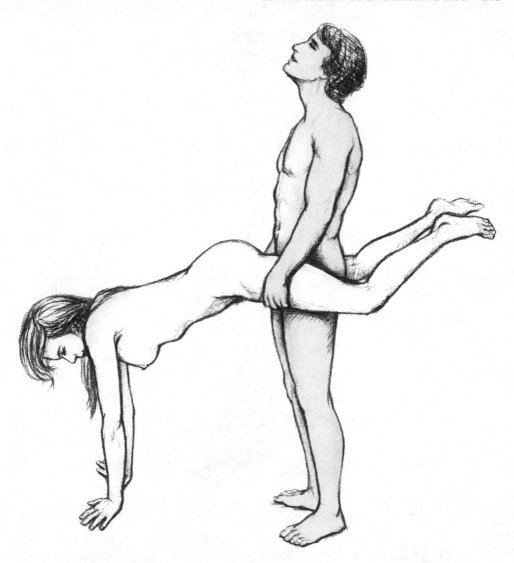

Fig. 11.37. *Anciano empujando la carretilla.* Esta posición es un poco esforzada. Suele empezar con la mujer apoyada en las manos y pies en el borde de la cama. El hombre, de pie, inserta su bastón de jade desde atrás. La mujer abre las piernas. El hombre la coge de los muslos como si sostuviera una carretilla. Se mantienen unidos mientras él va hacia atrás, alejándose de la cama. Ella se sostiene sobre las manos, mirando al suelo. La mujer camina sobre las manos, coordinando sus movimientos con los del hombre. Él la lleva caminando hacia delante por la habitación.

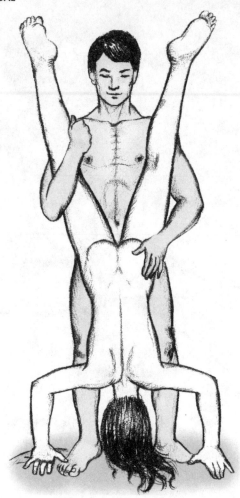

Fig. 11.38. *Las tijeras.* Esta posición tiene una versión horizontal y otra verti-cal. Ambas presentan un ángulo de inserción diferente. La variante horizontal es muy descansada. La mujer se reclina sobre el costado y levanta el muslo superior. El hombre se tumba de espaldas y abre los muslos; a continuación, se introduce entre los muslos de ella. Sus cabezas miran en distintas direcciones y sus piernas se mueven como dos pares de tijeras que trataran de cortarse mutuamente. La varian-te vertical es mucho más exigente en cuanto a esfuerzo físico. La mujer se pone en posición invertida, sobre la cabeza, elevando el cuerpo y las piernas con la ayuda del hombre. Él permanece de pie entre sus muslos abiertos. La mujer mantiene el cuerpo erguido con sus manos mientras el hombre la penetra doblando las rodillas y moviéndose arriba y abajo.

CAPÍTULO 12

Cortejar la gruta lunar

Fig. 12.1. *Técnica de desplumar y nutrirse.*

Este comentario está tomado del libro *La mariposa Yin-Yang*, de Valentin Chu, y te da una idea aproximada del juego amoroso o cortejo de la gruta lunar (vagina) mediante las técnicas de «desplumar y nutrirse», tomadas de las artes de alcoba (China, siglo XIV).

Como un veloz dragón pasajero, el pálido muro, con su extremo superior embaldosado en forma de ola, encierra el jardín escondido. A lo lejos, el bambú se balancea bajo la brisa energetizante de un día de verano. Los peces dorados nadan perezosamente en un estanque irregular, rodeado de plantas verdes y traspasado por un fino puente arqueado de cinabrio brillante. A un lado podemos ver una casa baja y sinuosa, con aleros rizados y las esquinas del tejado vueltas hacia arriba. El aroma de los matorrales de jazmín da a la brisa su estimulante sensualidad.

Sorbiendo vino de arroz caliente de unas delicadas tazas de cerámica y tomando exquisitos bocados de diversos platos, un hombre y una mujer se sientan junto a una mesa, cerca de un enorme peñasco. La joven que ha servido los platos se ha retirado rápidamente. El hombre y la mujer conversan quedamente. Mientras él habla, la manga larga y floja de su túnica de muselina roza un par de palillos, que se caen de la mesa. Él se agacha bajo la mesa para recogerlos y, sin querer, su mano toca el pequeño y delicado pie de la dama.

«¡Oh!», exclama la mujer, aparentemente alarmada. El hombre empieza a acariciar sus pies. Ella empieza a sonrojarse hasta que el color rosa pálido cubre completamente su rostro. El hombre se pone de pie y se acerca a ella. Él acaricia con las manos sus hombros encogidos y lleva la nariz hacia la parte posterior de su cuello para besarla y olisquearla.

—¡Oh, por favor, para! —susurra ella, protestando.

Cuando los besos olisqueantes de él se dirigen hacia su mejilla, ella gira abruptamente la cara y le da un gran beso en la boca. Ella siempre ha mantenido una apariencia reservada y ha actuado como una mujer bien educada. Ahora él tiene más experiencia y sabe que este tipo de mujeres son todas iguales, con sus actitudes frígidas y sus labios calientes, con sus miradas furtivas y sus pezones erectos. Frecuentemente ha notado las curvas secretas de esta espléndida joven viuda, y ha intentado conquistarla durante meses. Su danza de apareamiento ha sido larga, oculta detrás de las maneras tradicionales y de mensajes indirectos altamente codificados. Las pausadas señales e interacciones han conseguido finalmente que ella accediese a participar en esta cena en su imponente jardín.

La pareja entra en la casa, susurrándose cosas al oído mientras caminan. Entran en la alcoba. La habitación contiene una gran cama tradicional con armadura que es prácticamente una habitación en sí misma. Una hermosa celosía de ébano tallado rodea tres lados de la cama. Por la parte interna de la celosía hay una cortina circular de muselina. Los faldones delanteros de la cama están sostenidos por un par de grandes ganchos plateados. De ellos cuelgan cuentas y piedras semipreciosas.

En cuanto se sientan en la cama, empiezan a besarse de nuevo. Él comienza a quitarle la ropa lentamente: la banda de la cintura, la túnica de seda, la ropa interior sin mangas, el corpiño y, finalmente, las bragas. Su resistencia parcial, junto con su parcial consentimiento, consiguen exacerbar las ganas de él. Cuando están completamente desnudos, él observa el suculento banquete que tiene ante sí. Sus ojos almendrados, la boca de color rojo profundo y los brazos desnudos le recuerdan las raíces de loto recién limpias. Sus pechos son como frescas colinas de tofu nuevo encumbradas por semillas de loto recién peladas.

Ahora él está preparado para experimentar la gran calidad de ella. Quiere aumentar la esencia de la mujer para sus propios propósitos. Será un delicioso y maravilloso banquete de longevidad. Él presenta sus respetos a cada parte de su magnífico cuerpo, tocándola y besándola, alternando la ternura sutil con el atrevimiento flagrante. Retirándose como un animal huidizo, ella le para ocasionalmente para coquetear y provocarle. Durante largo tiempo, el mundo entero es una mezcla de miembros y cuerpos; de tierna piel cálida y labios húmedos.

Él se toma un momento para observar a esta mujer imponente. Su carne transparente, como de cerámica, húmeda de sudor, exhala perfumes femeninos. Ella respira hondo, dejando temblar sensualmente su pequeño ombligo y sus finas caderas. Y allí está su palacio de cinabrio, que sobresale ligeramente con la exuberancia de su ser. Ella toma una granada, recién abierta y llena de pulpa roja, y la extiende ante él. Ahora yin y yang están en armonía, preparados para que la unión produzca una felicidad exultante.

Él da comienzo a su misión sagrada dentro de la gruta del amor, la gruta mística, el lugar por el que todos entramos al mundo y donde los hombres adultos tratan de penetrar. A medida que él emprende el viaje, los negros ojos de ella, antes medio cerrados como somnoliento terciopelo, se abren abruptamente, fijando la mirada con agudo deseo. Las habilidades del hombre con el filo han sido calificadas de brillantes. Sus incisiones, retiradas y contraataques han conquistado a sus más habilidosas oponentes en la alcoba.

—¡No! ¡No! ¡No! —dice ella, siguiendo el ritmo.

Los ganchos de plata de los faldones de la cama resuenen calladamente. La danza de la vida sigue adelante. Aunque esto es un ejercicio de placer para él, también es algo de suprema importancia. Es mejor que el ginseng, y mucho más divertido. Él la hace rodar en distintas posiciones. Los maestros le han enseñado cómo provocar en ella el efecto deseado. Él repasa, en silencio y para sí mismo, las palabras secretas de ese asombroso volumen sobre alquimia sexual: «El tigre blanco se balancea de acá para allá. El dragón azul sube y baja. La gruta lunar se abre y se cierra. La raíz celestial acomete y rasga.» Él piensa: «Debo apretar el recto, contener la respiración y cerrar todas las aperturas corporales.»

Ahora el dragón agarra el trasero del tigre y empuja contra su pelvis. Él chupa la lengua del tigre, agarra su parte media y le levanta las rodillas. «Permite que el tigre se mueva. Deja que se balancee y respire», se dice a sí mismo. Los ojos áureos del tigre miran al cielo con dicha suprema. «Esto funciona», se dice a sí mismo. El tranquilo crisantemo se está convirtiendo a una peonía cubierta de rocío que tiembla sin remedio bajo la brisa.

Después de que los dorados ojos del tigre hayan mirado hacia los cielos, él puede absorber la poción de la mujer. Pronto nadará en sus propios jugos amorosos. Debe ser la mujer más lasciva de toda la China. La peonía gotea rocío, pero no ofrece su poción; es delicada, pero más fuerte de lo que él imaginó. Esta lucha podría llevar algún tiempo. Él debe poner en acción lo mejor de sus artes marciales de alcoba y pasa a la devastadora técnica de las penetraciones variadas. Al principio usa nueve penetraciones superficiales y una profunda. Después cambia a ocho superficiales y dos profundas. Esto parece funcionar. El tono de su voz y sus suaves movimientos revelan en ella una serie de oleadas carnales; sin embargo, el potente estallido no se produce. Ella se mantiene al borde del precipicio pero no cae.

Él tiene que trabajar con más ahínco para cosechar sus abundantes ofrendas. Abruptamente, un penetrante sonido de aviso recorre su cuerpo; él mismo está al límite y se detiene rápidamente, sujetándola para detener sus movimientos. Se han convertido en dos estatuas inmóviles. Él volverá a empezar, pero, antes, ambos se tomarán un respiro. Cuando vuelvan a empezar, él está seguro de poder empujarla más allá del límite. En este momento, ella está completamente quieta; sin embargo, él nota un leve palpitar en su gruta lunar. El palpitar se convierte en una serie de espasmos. La gruta de cinabrio de esta desenfrenada mujer parece tener vida propia. La gruta se abre y se cierra, y aprieta de la manera más desestabilizante. En segundos, el Río Amarillo rompe sus diques. Él está eyaculando. Su bastón de jade, hasta ahora conquistador invencible, es llevado a explotar sin remedio por las palpitantes paredes de la gruta lunar. La flor del corazón, muy dentro de ella, está drenando ansiosamente su esencia masculina.

Él se siente no sólo derrotado, sino también humillado. Cae en la cama. Se siente como un insecto que la voraz araña ha chupado hasta dejar seco. Carente de fuerza, se lamenta:

—¿Qué me has hecho? He pasado años cultivándome y practicando. ¡Ahora he perdido todo!

Ella responde suavemente:

—Señor, eres conocido por desplumar a las mujeres. Has tratado denodadamente durante más de dos horas de extraer mi néctar, y en cambio me has dado el tuyo.

Olvidando sus protestas, ella continúa:

—¿Por qué está tan mal que una mujer desplume a un hombre? En la batalla por desplumar, uno debe ser capaz de aceptar la derrota tanto como el triunfo.

—Me has destruido —gime él—. ¡Eres una diablesa desenfrenada!

—¡Tonterías! No creas a los chamanes. Ningún hombre se queda arruinado a menos que lo haga con demasiada frecuencia. El juego ha sido placentero para ambos y nos mantendrá jóvenes.

El juego amoroso de cortejar la gruta lunar empieza mucho antes que los besos y caricias. Podría empezar con una insinuación sutil, con una señal temblorosa, una audaz invitación sexual. El cuerpo puede hablar con una mirada, una sonrisa, atusándose el pelo o tomando una respiración profunda. Quizá las primeras señales comiencen en una atmósfera erótica de luces suaves, música voluptuosa, el dulce olor de las flores o de un perfume. Las parejas que se conocen bien, especialmente las que llevan mucho tiempo casadas, a menudo minimizan o se saltan completamente los juegos amorosos, pero una vuelta ocasional al romance puede refrescar y revitalizar la unión. El aspecto físico del juego amoroso debe emprenderse con cuidado. Además, como el coito es el acto más íntimo que pueden compartir dos personas, la higiene personal es de gran importancia. Los hombres tienden a estar más orientados hacia los genitales que las mujeres y, a veces, tienden a ir directamente a los genitales de la mujer al principio de los juegos amorosos. Esto puede reducir la sensibilidad femenina. Empezar el coito rápidamente puede ser una virtud o un veneno, especialmente para la mujer. Debe observarse el correcto proceder. Al igual que cuando uno va conduciendo, debe seguir las señales indicadoras: «circulación lenta», «ceda el paso», «stop», «curva adelante», «terreno resbaladizo cuando está húmedo», etc. Si uno quiere navegar por aguas inexploradas, un buen método es introducirse en ellas tentativamente y salir inmediatamente; a continuación, observa la reacción de tu pareja. Si es claramente negativa, revisa tu curso de actuación. Si se produce una resistencia desganada o ritual, emplea el método taoísta de dar dos pasos adelante y uno atrás. Usando esta táctica en los juegos amorosos, pueden descubrirse placeres inexpresados que, aunque ambos amantes desean secretamente, se resisten a nombrar abiertamente.

No existen un momento ni un lugar específicos para el juego amoroso. Mientras que a algunos amantes, quizá por ingenuidad o desesperación, les gustan los lugares poco convencionales, e incluso peligrosos, la mayoría prefieren un entorno romántico, quizá una playa escondida a la luz de la luna o una habitación cómoda y tenuemente iluminada, con música romántica o unas velas. El encuentro también puede hacerse en el dormitorio, con la cama cubierta de pétalos de rosa.

Juegos preliminares

El discurrir de los juegos amorosos puede planearse cuidadosamente o ser totalmente espontáneo. Una risa, una mirada, un gesto que ambos entienden, un comentario de cualquiera de ellos..., prácticamente cualquier cosa puede ser el detonante de una serie de acontecimientos maravillosos. Una ligera caricia con el dedo en la mano del compañero o chuparle la punta del dedo puede iniciar una conflagración que dure toda la noche. Un beso de mariposa ocasional aquí o allá, en el rostro, brazo o cuello de la pareja puede hacerle temblar. Mordisquear el lóbulo de la oreja también excita a algunos amantes. De hecho, algunos puntos de acupuntura de la oreja son puntos del amor. El aroma natural de una mujer limpia puede ser embriagador para algunos hombres, especialmente durante un momento erótico.

Un elemento importante en la poesía erótica china es la sensibilidad olfativa; un buen ejemplo de ello es el famoso poema *Diez fragancias*. Los franceses, por su parte, usan el término *cassolette* («crisol de perfumes») para describir el aroma del cuerpo de una mujer: labios, pelo, piel, axilas, vulva e incluso puntas de los dedos. El mejor modo de disfrutar estos olores femeninos es con los besos olisqueantes o «besos chinos», que se dan poniendo la nariz cerca del cuerpo de la mujer y oliéndola de manera suave y amorosa. Los chinos usan este tipo de besos como gesto amoroso hacia los niños pequeños o como una manera de flirtear, y reservan los besos en los labios para el encuentro erótico en el dormitorio.

Si la pareja está cenando en privado, a veces resulta estimulante alimentarse mutuamente. Esto tiene muchas variantes, que van desde darse de comer a la boca con una cuchara hasta intercambiar comida de boca a boca. Existen muchos alimentos afrodisíacos, como los melocotones, la mermelada, las ostras crudas y las almejas. Pasarse el vino de boca a boca en un antiguo acto erótico que excita a muchas parejas. También hay quien disfruta vertiendo un poco de champaña en el ombligo de su pareja para, a continuación, chuparlo y besarlo. El champaña frío y espumoso resulta excitante para algunos, y el vino de arroz caliente, quizá el shaoshing chino o el sake japonés, también son buenas alternativas.

Una danza en la que haya contacto es un magnífico preludio del coito. Muchos tipos de danza eran formas artísticas y representaciones simbólicas del coito que han evolucionado con el tiempo. La danza con contacto nos permite aprender muchas cosas de nuestra pareja a través del ritmo, el movimiento y la interacción corporal, aunque ambos estemos plenamente vestidos. Una persona discriminativa puede sentir intuitivamente los ademanes sexuales de su compañero de danza. Cuando se está en privado, la danza medio vestidos o completamente desnudos es un preliminar erótico del juego amoroso. Durante estos preludios, las señales suelen ser muy intensas. Los gestos breves y periódicos, discontinuos y aparentemente accidentales, resultan seguros en caso de encontrar oposición, y pueden ser muy excitantes para un compañero receptivo.

Hay señales particularmente eficaces que podemos usar con un compañero sexual retraído o con un amigo conocido, con el que hasta el momento hemos tenido una relación platónica. Una de las técnicas que pueden emplearse es la de la «mano muerta»: pones la mano «distraídamente» y con suavidad sobre el brazo, el hombro, la cadera o el muslo de la otra persona. Si la persona que recibe el gesto reacciona negativamente, retira la mano rápidamente. Pero, si no hay reacción negativa, deja la mano inmóvil, como si estuviera muerta. Si se produce una reacción positiva, la mano muerta puede avanzar con más atrevimiento. Otra maniobra atrevida es dar un pellizco en una parte tersa y carnosa del cuerpo. Puede ser el hombro si te sientes tímido, o un muslo o el trasero si te sientes más aventurero.

Dando una palmada por sorpresa que resuene en el oído del receptor, conseguimos captar la atención en el momento justo, por ejemplo cuando la persona se agacha para recoger algo. Aunque habitualmente pensamos que las cosquillas son algo infantil, también están bien para los adultos porque producen una sensación decididamente sexual. Los puntos más sensibles para hacer cosquillas son las axilas, detrás de las rodillas, las plantas de los pies, la parte posterior del cuello, los costados del cuerpo y la parte interna de los muslos. Una lucha amistosa cuerpo a cuerpo es un preludio infalible de actividades eróticas. Estos asaltos juguetones no necesitan árbitro ni reglas. Una llave con inmovilización realizada por la persona más fuerte bien podría dar lugar a actividades más interesantes.

Otro preludio con excelentes posibilidades para el movimiento físico es una batalla de almohadas. Una actividad así dentro del dormitorio puede muy bien dispersar la enemistad sexual latente, además de provocar en los participantes un estado juguetón y sensual. Lo mejor es usar almohadones de plumón sin botones, ya que constituyen las mejores armas de ataque: permiten pegar a la otra persona con gusto y, si lo hacemos en el lugar adecuado, sin hacerle el menor daño. No debemos golpear en el rostro, los pechos o los genitales. Si la batalla se vuelve muy salvaje, podríamos acabar llenando el lugar de engorrosas plumas, de modo que también es aconsejable usar cojines rellenos de material sintético. La batalla puede producirse estando vestidos, parcialmente vestidos o completamente desnudos, dependiendo del gusto personal y del impulso del momento.

Desvestirse rápidamente es muestra de mucha urgencia o de falta de diplomacia. Desvestirse mutuamente puede resultar emocionante porque es provocador y sexualmente excitante. Podemos desvestirnos lentamente, como en esa variante del juego de póquer en la que el perdedor de cada partida debe deshacerse de una o más piezas de ropa.

La boca, con sus tejidos suaves y adaptables y sus excelentes sensores táctiles y gustativos, es un órgano erótico. Esto hace que los besos sean parte esencial y muy eficaz de los juegos amorosos. La boca está muy abierta a la estimulación sensual porque las terminaciones nerviosas de los labios y la lengua son muy sensibles. La boca misma puede reaccionar eróticamente al contacto de los labios, la lengua y —en la cumbre de la pasión— los dientes de la pareja. La fuerza de la succión determina la intensidad de la sensación. Las células olfativas de la nariz están muy cerca de la boca. El olor de la respiración, de la boca y de la piel que la rodea puede resultar muy tonificante, especialmente si se combina con el personal y peculiar sabor de los labios y la lengua. En los besos eróticos boca a boca tocamos, saboreamos y olemos a nuestra pareja, y, en cuanto a intimidad, es algo equiparable al coito. El beso sensual puede ser tan sutil y cambiante como el revoloteo de una mariposa. También puede ser tan profundo y duradero como el famoso «beso francés», usado por los jóvenes de Pays de Mont, en Bretaña, donde los amantes usan sus lenguas para investigar y explorar las bocas de sus parejas. A veces el «beso francés» se practica ininterrumpidamente durante horas. Estos besos penetrantes acostumbran a ser el primer acto de excitación sexual entre los amantes y, frecuentemente, dependiendo del estado de ánimo y del grado de intimidad, llevan a otro tipo de caricias.

Los sexólogos modernos no son los únicos que han delineado las zonas eróticas del cuerpo humano; los antiguos taoístas también hicieron mapas de la geografía amorosa humana. En realidad, cualquier parte del cuerpo puede ser una zona erógena. Acariciar suavemente la parte posterior del cuello, besar los lados del cuello, introducir la lengua en la oquedad de las orejas o mordisquear suavemente sus lóbulos puede excitar mucho a nuestra pareja. Otras zonas sensibles son las axilas o las partes interiores de los codos, los muslos y las rodillas. También hay zonas erógenas en la parte baja de la espalda y, como todos sabemos, en el área de los genitales. Los puntos de amor mencionados por los antiguos taoístas son similares, aunque no idénticos, a las zonas erógenas modernas. Además, la sensibilidad de las zonas erógenas es diferente para cada individuo, y algunas personas tienen áreas completamente insensibles. En cambio, algunas mujeres tienen los pechos tan sensibles que pueden llegar al orgasmo cuando se los acarician, aunque la mayoría no son tan excitables. La sensibilidad aún es más variable en otras zonas. En general, puede afirmarse que la mayoría de la gente es sensible en las zonas eróticas. La persona atenta empezará explorando y experimentando en diferentes áreas durante los juegos amorosos con el fin de aprender el modo más eficaz de excitarse y dar placer a la pareja. La sensibilidad suele aumentar desde las extremidades hacia el cuerpo y desde las partes externas del torso hacia el centro. Acariciando a la pareja en las zonas periféricas y avanzado a las zonas más sensibles puede incrementarse el deseo.

Besos y caricias son una combinación natural en los juegos amorosos. En general, un buen amante no irá inmediatamente a la zona genital, ni siquiera a los pechos. Un amante agresivo o inexperto, a menudo un hombre, puede ser demasiado directo, atrevido e impaciente. Este tipo de amantes agarran con rudeza los pechos y el trasero de la mujer, la embisten con su pene y eyaculan. Estas conductas son desagradables y poco refinadas, y es casi seguro que desagraden a la mayoría de las mujeres. Es mucho más probable que les exciten las caricias suaves y tiernas, al menos al principio. El juego amoroso más intenso y vigoroso es eficaz cuando la pareja ya está excitada. Muchos hombres también prefieren los juegos preliminares más lentos y sensibles. Finalmente, la mirada, los sonidos y el olor de un compañero o compañera excitada pueden ser poderosos afrodisíacos.

A muchas mujeres les resultan muy excitantes las caricias y besos en los pechos. Existe una importante conexión nerviosa entre los labios y los pechos, como también entre los pechos y los genitales. Consecuentemente, los besos boca-a-boca pueden endurecer los pezones de la mujer, mientras que la estimulación de los pechos a menudo produce erección del clítoris y segregación de flujos sexuales.

Empezar a hacer el amor con unos buenos besos ayuda a asegurar una experiencia placentera para ambos amantes. Algunas mujeres son más apasionadas y pueden necesitar técnicas psicológicas para que se ericen sus pezones. No obstante, a la mayoría les excita una combinación de factores físicos y psicológicos, entre los que se incluye los juegos amorosos en los pechos. Después de besar y acariciar la cara, el cuello y los hombros, un buen amante pasará a los pechos. Si se les trata con ternura y pasión, la mujer se sentirá muy estimulada. A muchas mujeres les gusta que les rodeen los pechos con las palmas de las manos y que se los levanten, las caricias delicadas alrededor de los pezones y los apretones suaves. También les gusta los besos en los pechos, mientras se les chupa rítmica y juguetonamente los pezones con la punta de la lengua. Se puede dar a la mujer una variedad de sensaciones eróticas usando alternativamente la parte lisa (inferior) y rugosa (superior) de la lengua. Deben practicarse preliminares excitantes de este tipo antes de pasar a la parte inferior del cuerpo: trasero, ingles, perineo, vulva y clítoris.

Los juegos amorosos deben progresar de manera natural hacia el área de los genitales. Podemos tocar los genitales de nuestro amante con las manos, la boca u otras partes del cuerpo. Junto al coito mismo, ésta es la forma más apasionada e íntima de comunicación sensual entre amantes, que puede constituir un objetivo en sí mismo o progresar hasta el coito y el orgasmo. Hay muchos modos de acariciar los genitales; se les puede tocar, presionar, empujar, frotar, oscilar, hacer cosquillas, besar, mordisquear, lamer y chupar.

Esto puede hacerse con diferentes presiones, velocidades y ritmos. Algunos se sienten entusiasmados por las caricias continuas y persistentes, pero otros prefieren empezar y parar repetidamente porque les resulta provocador. Como los órganos genitales están hechos de tejidos tiernos y sensibles, las caricias deben empezar con toques lentos y ligeros. Después puede pasarse a un planteamiento más activo, rápido y enérgico. El progreso gradual permite a los amantes prepararse tanto física como emocionalmente. Por ejemplo, permite la lubricación genital, que impide incomodidades y rozaduras. Distintas técnicas son adecuadas para cada zona del pubis. Las caricias suaves y los besos son más excitantes en las partes internas de los muslos y de las ingles. El campo de cinabrio y el monte de Venus de la mujer reaccionan positivamente al masaje con la palma de la mano. El voluminoso trasero puede necesitar caricias mucho más intensas, por ejemplo amasamientos, apretones y palmadas suaves. Acariciar el trasero pasando ocasionalmente al perineo resulta muy evocador. Hay una amplia variedad de juegos orales-genitales que pueden practicarse, como suaves besos en los genitales del amante usando la boca o la lengua de modo similar al coito. Esto resulta muy placentero a algunas personas mientras que disgusta a otras.

Una de las áreas sexuales más sensibles del cuerpo, aunque a menudo se pasa por alto, es el perineo, la zona que se extiende entre los genitales y el ano. Corresponde al punto *hui-yin* de la acupuntura. Esta zona estimula la erección masculina y el deseo femenino. Acariciar suavemente el perineo con los dedos o con la punta de la lengua genera mucha energía.

Aunque muchos piensan que el ano es estrictamente un órgano de secreción, de hecho está conectado con los nervios sexuales, y algunos de los cuales se excitan mucho cuando se acaricia el ano. Evidentemente, el ano debe estar bien lavado antes de ser acariciado. Los franceses usan la palabra *postillonage* para describir la presión e introducción del dedo en el ano, y *feuille de rose* («hoja de rosa») es lamerlo e introducir en él la punta de la lengua.

Para acariciar y besar los genitales es imprescindible que estén humedecidos por los flujos genitales, una ingeniosa preparación natural para el coito. Los flujos genitales lubrican los órganos sexuales para facilitar el coito y, además, contienen feromonas, hormonas sexuales que excitan a los participantes. Los antiguos taoístas pensaron que la lubricación abundante era de primera importancia para un acto sexual placentero. Los sexólogos modernos, que sugieren el empleo de sustitutivos como saliva, o lubricantes artificiales en caso de emergencia, están de acuerdo en este punto. En el sexo, como en la alimentación, los ingredientes naturales siempre son mejores.

Si lo miramos científicamente, los flujos genitales son parecidos a la saliva. De hecho, si se lavan con cuidado, los genitales tienen menos bacterias que la boca. Las secreciones genitales masculinas son un líquido claro y viscoso que se desprende de la apertura del falo. Proceden de dos glándulas, del tamaño aproximado de los guisantes, que están inmediatamente debajo de la próstata y también de otras menores situadas en la uretra. Estas secreciones no son semen, aunque si el hombre está muy excitado pueden contener una pequeña cantidad del mismo. Las glándulas vestibulares de las mujeres, que rodean la apertura vaginal, segregan un líquido similar. Cuando la mujer está excitada sexualmente, las paredes de la vagina también «transpiran» un líquido, a veces muy abundante. El semen que el hombre eyacula durante el orgasmo masculino se fabrica en los testículos y en la próstata. Es un fluido viscoso, de aspecto lechoso, que se vuelve más líquido en contacto con el aire. Ciertos expertos mantienen que algunas mujeres eyaculan un fluido cuando tienen un profundo orgasmo uterino. Este líquido es transparente y no tiene ninguna función biológica, aunque se cree que potencia el placer sexual.

Acariciar la gruta lunar

Ser besada y acariciada por un amante suele ser suficiente para que la mujer se excite, lubrique su gruta lunar y se le endurezca el clítoris. El compañero de la mujer puede comprobar fácilmente su grado de excitación examinando la zona de la vagina mientras acaricia sus muslos y trasero. El clítoris es muy sensible al toque. Debe acariciarse el tallo en lugar de la punta, que es más sensible. De hecho, algunas mujeres sólo pueden soportar toques muy ligeros en la punta del clítoris, y las caricias vigorosas les resultan incómodas. Los labios menores, o labios internos, son el paso siguiente. Acariciando sucesivamente el clítoris y la vulva, primero con suavidad y después con más firmeza, el hombre puede multiplicar el placer de su compañera. Si acaricia los labios menores y después los bordes de la apertura vaginal con sus dedos índice y medio, fluirá más lubricante. Tomando estas secreciones entre sus dedos, el hombre puede frotar el tallo del clítoris con ellas. Según nos dice el texto clásico, si la mujer abre los muslos, está respondiendo positivamente al juego erótico. Cuando su compañero entiende la señal, puede entrar más profundamente en su gruta lunar, usando uno o dos dedos para tocar su corazón-flor y acariciarlo ligeramente, incrementando de este modo sus sensaciones.

Si el objetivo del encuentro sexual es el orgasmo de la mujer, el hombre puede producírselo estimulándole el clítoris. Hay mujeres que pueden tener múltiples orgasmos mediante la excitación clitoridiana. Algunas mujeres especialmente apasionadas pueden tener orgasmos continuos durante bastante tiempo. Acariciando el punto G se produce un orgasmo uterino mucho más intenso. No obstante, muchas mujeres prefieren tener un orgasmo profundo durante el coito, que puede conseguirse si el hombre conoce la posición y la dinámica correctas. Para encontrar el punto G introducimos los dedos medio e índice aproximadamente cinco centímetros dentro de la gruta. Pon las yemas de los dedos frente a la pared anterior del canal uterino, explorando y masajeando a la vez. A partir de la reacción de la mujer, el hombre puede ver si ha encontrado el punto (aproximadamente del tamaño de una alubia), que puede sobresalir un poco cuando está estimulado. Una vez hallado, el hombre puede acariciar el punto rítmicamente y con suavidad. También puede aumentar la presión sobre él presionando simultáneamente hacia abajo con la mano sobre su monte de Venus.

Fig. 12.2.

Acariciar el bastón de jade

Fig. 12.3.

Acariciar los genitales masculinos puede resultar complicado, dependiendo de si el hombre desea eyacular o no. Si no lo desea, es importante que sea un experto en las técnicas que le permiten mantenerse al borde del orgasmo. Si no es un experto en estas artes, puede acordar señales con la mujer para indicarle cuándo se acerca al punto de eyaculación. Una mujer experimentada puede sentir cuándo el hombre se acerca el límite sin necesidad de señal alguna. No obstante, la capacidad de contención masculina puede variar de un momento a otro, de modo que siempre es mejor establecer las señales con anterioridad.

El proceso de acariciar el bastón de jade debe empezarse tocando delicadamente el perineo con las puntas de los dedos. A continuación, los dedos de la mujer pasan suavemente a la parte inferior del escroto, frontal y posterior, llenándolo de caricias cosquillosas y aliviantes. Como el escroto es la parte más tierna del cuerpo masculino, la mujer debe acariciar los testículos muy suavemente. No debe pellizcarlos, apretarlos ni mordisquearlos; esto no forma parte de los juegos amorosos y puede causar dolor, herir o incluso incapacitar seriamente al hombre. Después de haber acariciado los testículos, los dedos de la mujer se dirigen a su pene erecto. Ella agarra el pene firmemente cerca del glande con las palmas y los dedos, y, sin soltar, desliza las manos hacia la base. Esto estira la piel, revelando, tensando y llenado de sangre el glande, que seguidamente puede estimular con las puntas de los dedos de la otra mano mediante un frotamiento ligero y vivaz. La superficie de la parte inferior del pene erecto es más sensible que la superficie de la parte superior. Evidentemente, el glande y el borde externo en torno a su base son todavía más sensibles. Y lo más sensible de todo es el frenillo triangular en la parte inferior del borde externo.

Si el glande está lubricado, la mujer puede extender la secreción con las puntas de sus dedos describiendo un movimiento circular en torno al glande. También puede lubricarlo con su propia saliva. Puede variar las caricias bombeando el tallo hacia arriba y hacia abajo con la mano, pero debe tener cuidado para que el hombre no eyacule, a menos que ése sea el objetivo de sus caricias. El método de parar-y-continuar puede ayudar al hombre a retrasar o evitar la eyaculación, pero en cualquier caso le dará mucho placer porque es tremendamente excitante. Si siente el impulso de hacerlo, la mujer puede besar el tallo del pene mientras lo acaricia.

Juegos amorosos

Fig. 12.4. *Mariposa de verano.* En este juego amoroso, el cepillo simboliza una mariposa veraniega y el cuerpo un paisaje de montes y valles cubiertos de flores. Uno de los miembros de la pareja yace con los ojos cerrados y completamente relajado.

El otro lleva el cepillo de aquí para allá imitando el vuelo de la coque-
ta mariposa. Primero se
desliza ligeramente
sobre las manos y
pies, para conti-
nuar con los brazos,
las piernas y las di-
versas partes del
cuerpo. La persona
que tiene el cepillo se
concentra en zonas
sensibles,
como las pun-
tas de los de-
dos, las pal-
mas, las partes

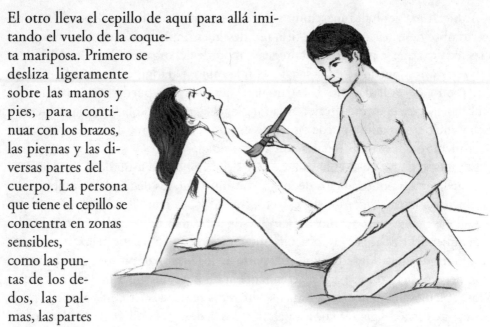

internas de los codos, las axilas, las plantas de los
pies, las hendiduras entre los dedos, la parte de atrás de las rodillas y, especialmente, las partes internas de los muslos. A continuación, acaricia las distintas partes de
la cara, incluyendo los labios. La mariposa desciende por el cuello hasta los pechos,
el campo de cinabrio y las ingles. Los toques resultan deliciosos para la persona que
los recibe, especialmente porque no sabe cuál será el siguiente lugar donde aterriza-
rá la mariposa. Las sensaciones ligeras y galvanizantes que se producen en la piel probablemente harán pedir a la persona que recibe las caricias un toque más firme. No
debe accederse a sus ruegos hasta que esté preparado el aterrizaje húmedo. Durante
esta etapa maravillosa, el cepillo se introduce ligeramente en un poco de aceite aro-
mático. Si la mujer es el paisaje, el cepillo aceitado debe acariciar sus aréolas y pezones. Empieza dando una serie de vueltas y después revolotea entre sus pechos. A
continuación, extiéndele las piernas y deja que la mariposa recorra su perineo y su
vulva. Seguidamente cepilla su clítoris, primero en sentido ascendente y después describiendo un movimiento circular. En caso de que el hombre sea el paisaje, cepilla
su perineo y su escroto, así como el glande expuesto. Puedes hacer que tu amado
pase una hora deliciosa y memorable con este juego maravilloso. Si la mujer tiene las
pestañas largas, una posible variante es hacer que utilice su parpadeo como si fuera
el revoloteo de la mariposa de primavera. El bigote del hombre puede usarse con el
mismo fin. Estas últimas técnicas pueden resultar agotadoras si se cubre la totalidad
del paisaje.

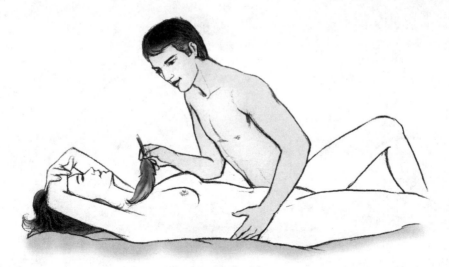

Fig. 12.5. *La seducción del pavo real.* Este juego se inventó hace cientos de años, cuando las plumas de pavo real se usaban como valiosa condecoración por los servicios prestados al emperador. Los señores interesados en acumular otro tipo de méritos usaban las plumas de pavo real para jugar con sus mujeres. En nuestros días, cualquiera de los miembros de la pareja puede usar la pluma. También pueden usarse plumas de otras aves, como avestruces, faisanes, cigüeñas e incluso gallinas. No obstante, has de recordar que las plumas no te permiten tanta variedad de presiones diferentes como el cepillo del artista.

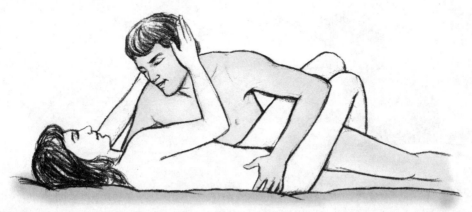

Fig. 12.6. *Patas de araña.* Hay un juego de amor francés llamado patas de araña en el que las puntas y las yemas de los dedos juegan con el pelo corporal de la pareja, y a veces con su piel, usando siempre el toque más leve posible. Como en el caso de la mariposa primaveral, la araña puede recorrer todo el cuerpo.

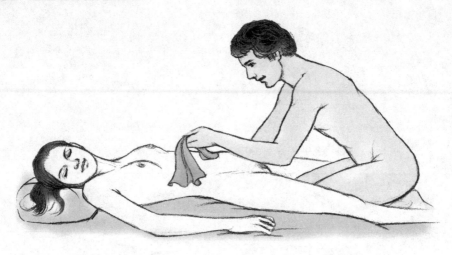

Fig. 12.7. *Seducción con seda.* La mejor prenda para este juego es un pañuelo o prenda interior de auténtica seda, aunque el acetato también puede valer. No debe usarse el nailon porque es demasiado duro. Enrolla el pañuelo u otro artículo de seda en tu mano y úsalo para acariciar distintas partes del cuerpo de tu compañera. La seda produce sensaciones ricas y lujosas, muy diferentes de las producidas por los cepillos o plumas.

Fig. 12.8. *Besos olisqueantes.* El momento óptimo para emplear el beso olisqueante es cuando la piel de tu compañera está ligeramente perfumada con aroma de jazmín o nardo, o cuando el cuerpo de tu amante exhala su propio aroma sexual. Comienza inspirando y oliendo el aliento de tu amante. Desliza tu nariz por sus mejillas, párpados y cuello, y continúa el peregrinaje perfumado por sus picos y valles. El olor natural de los genitales excitados es un poderoso afrodisíaco.

Fig. 12.9. *Barrer con la lengua.* Este juego suele empezar de manera muy natural con un beso vagabundo. Deslizamos la lengua sobre nuestra pareja con toques diversos, desde lametones con la punta hasta un firme cepillado con su superficie rugosa. Se debe prestar una atención especial a la cavidad de la oreja, así como al mentón, las palmas y las

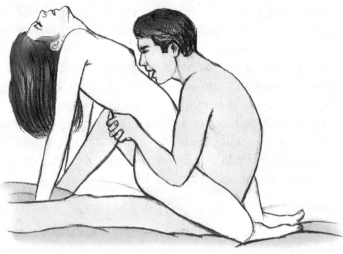

plantas de los pies. Pasa después al ombligo, los pechos y los pezones, la parte interna de los muslos y el perineo. Un buen barrido con la lengua requiere abundante saliva, aunque babees. Alterna el barrido con besos olisqueantes.

Los nueve principales puntos del amor

Perineo. El cruce de caminos sexual es el *hui-yin*, uno de los puntos del amor más importantes. Está situado en medio del perineo, apenas un poco por debajo de la piel. Los acupuntores lo usan para tratar el dolor de pene, la vaginitis, la menstruación irregular y el prolapso de útero. En el juego amoroso, puede acariciarse el perineo y presionarse el punto durante cuatro segundos con las puntas de los dedos, después se suelta y se vuelve a presionar. La secuencia se repite cuarenta veces o durante cinco minutos. Éste es uno de los dos puntos de erección conocidos para los hombres.

El campo de cinabrio. Existen siete puntos del amor en la zona que va del ombligo hasta la sínfisis púbica (frente al hueso púbico, ligeramente por encima de los genitales). Un modo de localizarlos es pensar en la distancia que va del ombligo a la sínfisis púbica como si fueran cinco secciones, cada una de ellas de aproximadamente tres centímetros de larga. El propio ombligo también contiene un punto del amor. En el segmento inmediatamente inferior está el *yin-chiao* (cruce de caminos sexual). Media sección por debajo está el *chi-hai* (puerta de mar); éste es un importante punto del amor cercano al campo de cinabrio. Otra media sección por debajo está el *shih-men* (puerta de piedra). Continuando hacia abajo, en la parte inferior de cada una de las secciones siguientes están el *kuen-yuan* (paso de primacía), el *chung-chi* (medio definitivo) y el *chu-ku*, el hueso púbico. Mientras se participa en los juegos preliminares, cada uno de estos puntos deben ser acariciados y presionados con la palma de la mano. No debe presionarse sobre ellos con fuerza empleando la punta de los dedos; la presión debe ser ligera. Presiona cada uno de estos puntos entre tres y cinco segundos, después suelta y repite. El movimiento descendente desde el ombligo hasta la región genital, usando una acupresión ligera en cada punto, incrementa la excitación de la pareja. También puede usarse la lengua endurecida en lugar del dedo.

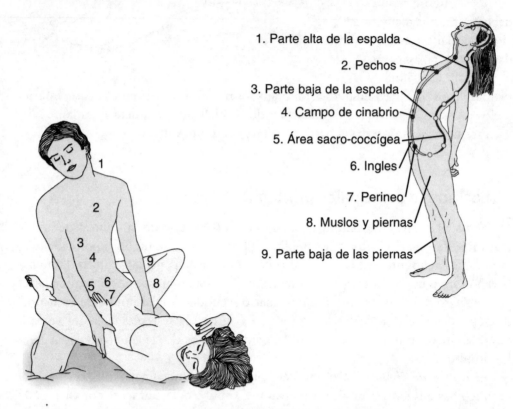

1. Parte alta de la espalda
2. Pechos
3. Parte baja de la espalda
4. Campo de cinabrio
5. Área sacro-coccígea
6. Ingles
7. Perineo
8. Muslos y piernas
9. Parte baja de las piernas

Fig. 12.10. *Los nueve principales puntos del amor.*

Pechos. Los puntos del amor en los pechos de las mujeres pueden usarse a corto plazo para excitarlas o a largo plazo, para agrandar esta parte de la anatomía femenina. Los dos pezones contienen puntos del amor. El esternón también contiene otro punto a la altura de los pezones. Es lo que se conoce como campo medio de cinabrio. Aproximadamente dos centímetros y medio por encima de cada pezón, en dirección al hombro correspondiente, hay otro punto del amor. También hay dos pares de puntos del amor en la base de los pechos. Excluyendo el del esternón, los puntos del amor deben presionarse, acariciarse con la palma y sentirse ligeramente con el dedo.

Ingles. Descendiendo aproximadamente cinco centímetros por la línea que separa el vientre del muslo hay un par de puntos del amor. Palparlos, empujando ligeramente y acariciando a lo largo de la ingle con las puntas de los dedos, puede aliviar la frigidez y la impotencia.

Parte alta de la espalda. La parte alta de la espalda contiene cuatro pares de puntos del amor que puede masajearse para activar la energía sexual. Para encontrarlos, visualiza dos líneas paralelas a ambos lados de la columna. Una está a aproximadamente cuatro centímetros de la columna y la otra a unos ocho centímetros. Los extremos superiores de las líneas imaginarias se alinean con la porción inferior de la segunda vértebra dorsal. Los extremos inferiores se alinean con la parte inferior de la quinta vértebra dorsal. Presiona firmemente cada punto durante unos segundos usando las puntas de los dedos; después detente. Pasa al punto siguiente. Repite unas cuantas veces el proceso de acupresión.

Parte baja de la espalda. Directamente debajo de la segunda vértebra lumbar, en la columna, y un poco por debajo de la parte posterior de la cadera, está el *mingmen* (puerta de la vida). Éste es un punto importante para activar la energía sexual y es el segundo centro relacionado con la erección masculina. Presionar este punto del amor firmemente con las puntas de los dedos debería producir resultados muy satisfactorios. A la altura de este punto, y a ambos lados de la columna, existen dos puntos del amor adicionales. Están, aproximadamente, a cuatro y a ocho centímetros de la columna. Deben presionarse al mismo tiempo que la puerta de la vida.

Área sacro-coccígea. A lo largo del sacro, alineados en forma de «V», existen ocho puntos que pueden presionarse firmemente. Existe un noveno punto en la punta del cóccix.

Muslos y piernas. A medio camino entre la rótula y la ingle, en la parte anterior de cada muslo, hay dos puntos del amor. Aproximadamente cinco centímetros por encima de la rodilla, donde los músculos se ladean ligeramente hacia dentro, hay otro punto más. Presiona estos puntos firmemente con los pulgares.

Parte inferior de las piernas. El punto del amor más significativo en la porción inferior de la pierna es el *san-yin-chiao* (intersección de los tres yins). Está en la parte interna de la espinilla, aproximadamente ocho centímetros por encima del extremo del maléolo medio y detrás del hueso. Presionar en este punto puede curar la impotencia, la frigidez y la eyaculación precoz.

Masaje erótico

El masaje erótico chino, que tiene más de tres mil años de antigüedad, es posiblemente uno de los juegos sexuales más excitantes del encuentro amoroso. No se dirige tanto a los músculos como a los meridianos del chi y al sistema nervioso central. Estos meridianos controlan tanto el cuerpo como la mente. Cuando una pareja muy querida usa esta augusta terapia clásica en ciertas partes de nuestro cuerpo, la química del deseo puede activarse maravillosamente.

El contacto íntimo entre las manos y el cuerpo es una forma de comunicación indirecta que crea sintonía entre los individuos. Es aconsejable que las personas que van a darse un masaje erótico estén desnudas o semidesnudas; esto permite un intercambio de la fuerza de vida y de la energía sexual de piel a piel. Puede tocarse cualquier parte del cuerpo, aparte de los genitales. Está permitido masajear con firmeza todas las áreas del cuerpo excepto aquellas que podrían ser lesionadas, como el abdomen y los pechos. En estas áreas tiernas se usan toques suaves. La persona que recibe el masaje debe tumbarse sobre una esterilla en el suelo, en una camilla estrecha o sobre un sofá cama o cama. También puede usarse un colchón, siempre que sea muy firme.

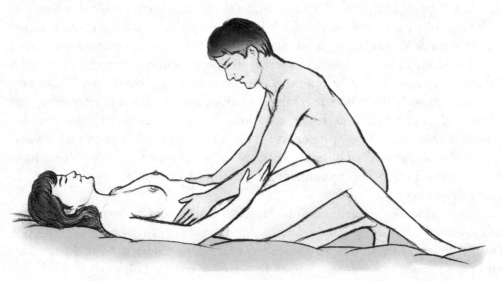

Fig. 12.11.

Para aplicar el masaje puede usarse aceite o agua perfumada. Si se prefiere, también es posible prescindir del lubricante. Por otra parte, puede usarse un lubricante de fabricación casera mezclando dos tercios de aceite de soja, un tercio de aceite de sésamo y una fragancia, como la de lavanda, camomila, rosa, sándalo o ylang-ylang. El aceite de sésamo es bueno para la piel; el ylang-ylang, procedente de una flor asiática, se cree que es afrodisíaco y equilibra la presión sanguínea. Estos aceites pueden adquirirse en tiendas de alimentación chinas o de alimentación natural y en farmacias.

El masaje erótico puede abarcar la totalidad del cuerpo. Comienza por los dedos de las manos y de los pies, y trasládate lentamente por los miembros hacia el resto del cuerpo. El masaje puede durar aproximadamente una hora. La variante en la que sólo se masajea el torso y los muslos requiere unos veinte minutos. La persona que recibe el masaje debe relajarse, cerrar los ojos de vez en cuando y tomar unas cuantas respiraciones lentas y profundas con el diafragma. Existen muchas técnicas de masaje, entre las que se incluyen las caricias largas y rítmicas, los golpecitos (percusión), la compresión y amasamiento, el frotamiento, los pellizcos o la presión; también es posible arañar, grapar, martillear, sacudir y vibrar. En estas técnicas se usan el pulgar y las yemas de los dedos, los dedos, las palmas, los cantos de las palmas, los puños, las plantas de los pies y los codos.

Tres fuentes

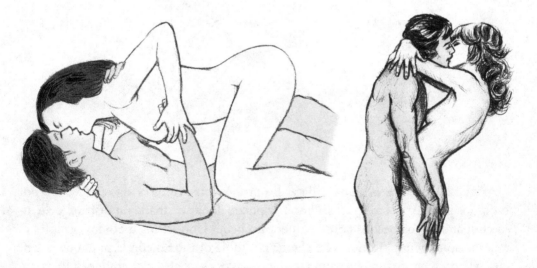

Fig. 12.12. *Fuente celestial.* Éste es un juego amoroso que se realiza mientras nos damos besos profundos. Requiere estimular la secreción de saliva del amante

y beberla como si fuera una poción. Durante el beso, usamos la lengua para acariciar la lengua de nuestra pareja. A continuación, deslizamos la punta de la lengua sobre el paladar de nuestra pareja, junto a los molares, a ambos lados. Ahí es donde están situados los conductos que van a las glándulas salivales. Barre, además, la parte baja de la boca de tu pareja, a lo largo de los dientes, y especialmente junto a la raíz de la lengua. Existen numerosos conductos que salen de las glándulas salivales. Esta estimulación produce una gran cantidad de saliva en las fuentes celestiales de ambos amantes. Los antiguos expertos en temas sexuales creían que la saliva era un elixir sexual. Actualmente, los científicos creen que contiene una hormona sexual que las personas del otro sexo anhelan saborear. Bébela directamente de la fuente.

Fig. 12.13. *Fuentes gemelas.* Besar los pechos femeninos es algo practicado por todos los pueblos del mundo. El hombre puede dar a su amada un disfrute delicioso chupándole los pechos como si fuera un bebé. Uno de los métodos posibles es una succión ligera y rítmica, con alguna cosquilla ocasional con la punta de la lengua. Mientras chupas, puedes apretar los pechos como si estuvieras ordenándolos. En este caso, la leche será de la variedad espiritual, a menos, evidentemente, que la mujer esté amamantando.

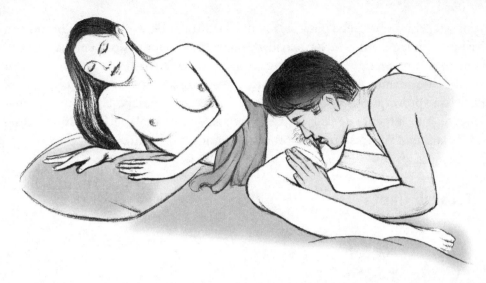

Fig. 12.14. *Fuente de jade.* La fuente de jade proporciona nutrientes vitales que pueden beber los alquimistas sexuales. Consecuentemente, ésta es una empresa seria y es una de las prácticas más deliciosas dentro de los juegos amorosos. No se trata de un simple beso oral-genital de la vulva, sino que implica la extracción de la esencia de jade de su fuente, algo que es mucho más complicado. Para el hombre, este juego es como saborear la granada fresca o el «melocotón de la inmortalidad», y la experiencia para la mujer está más allá de toda descripción.

El primer requisito para jugar a este juego es una limpieza total. Tumbada de espaldas, la mujer dobla las rodillas y abre los muslos, apoyando los pies en el borde de la cama. Otra posibilidad es recostarse en un sillón y elevar las rodillas sobre sus brazos; en esta posición, el hombre se arrodilla frente a la mujer. Los amantes también pueden estar tumbados de lado en la cama, o uno de ellos puede ponerse encima del otro, mirando ambos en direcciones opuestas. Estas posiciones son ideales para el juego, bien solo o combinándolo con el de tocar la flauta, formando así el famoso juego francés del «sesenta y nueve». Como el propio nombre indica es un juego oral-genital recíproco.

El hombre comienza besando el monte de Venus de su compañera. Seguidamente, abre los labios externos de sus genitales con los dedos y besa los labios internos. Debe usarse la lengua para acariciar los labios internos, que a estas alturas ya deberían estar hinchados de sangre. Si pensamos que la vulva es como los lados de una barca, la uretra, el orificio vaginal y las cuatro glándulas vestibulares están en el fondo de la misma. Toma la punta de la lengua y barre, arriba y abajo, el fondo de la barca. Introduce la lengua en la vagina y retírala. Repítelo rítmicamente. Gradualmente, el hombre debe pasar a la zona del clítoris. Besa el pequeño botón con los labios. Chúpalo con mucha suavidad, moviendo la punta de la lengua como el revoloteo de una mariposa. La superficie rugosa de la lengua lame la parte inferior del tallo clitoridiano. Alterna entre acariciar el clítoris y la vulva. Concéntrate en aquello que provoque las respuestas más excitadas de tu pareja. Esto hará, inevitablemente, que la fuente de jade rebose la esencia de jade de las glándulas vestibulares y de la gruta. A veces también produce sonidos interesantes.

Tocar la flauta

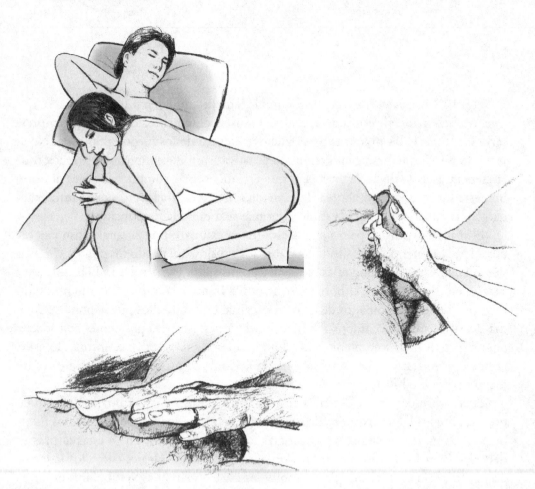

Fig. 12.15. *Tocar la flauta.*

Este juego, como el de la fuente de jade, requiere una limpieza personal meticulosa y mucha delicadeza. A algunas mujeres les encanta, pero a otras no les gusta, lo que es achacable a los riesgos que implica. En primer lugar, si el hombre entra demasiado profundo en la garganta de la mujer, ésta puede sentir arcadas. También existe la posibilidad de tragarse accidentalmente el semen si el hombre no sabe o no quiere mantenerse al borde del orgasmo. En cualquier caso, con un poco de práctica y espíritu de cooperación resulta fácil tenerlo todo bajo control. Los demás asuntos son estrictamente de gusto personal.

Para empezar el juego, es aconsejable que la mujer bese el perineo y el escroto del hombre; a continuación, pasa a tocar la flauta. La mujer debe sostener firmemente la base de la flauta de jade con una mano de modo que se mantenga erguida. Entonces le da una serie de besos en el glande. Seguidamente la mujer toma el glande en su boca, rodeándolo con el borde de los labios. Lame el glande, especialmente la pequeña apertura uretral, con la punta de su lengua. A continuación, pone los labios en forma de «O» e imagina que su boca es la apertura de su gruta. Mueve su boca arriba y abajo, dejando que su compañero meta y saque la flauta. Mientras tanto, los dedos de la mujer juegan con el perineo y el escroto. Debe recordarse que la parte más sensible de la flauta es su tercio superior.

A muchos hombres, quizá más por razones psicológicas que por el placer físico, les gusta que sus compañeras introduzcan la flauta profundamente en su garganta. Cuando la punta de la flauta contacta con la garganta de la mujer, normalmente produce arcadas. No obstante, si se practica un método de introducción paulatina, la mujer puede engullir fácilmente la totalidad de la flauta. Tocar la flauta, especialmente la música de la garganta profunda, puede hacer que el hombre eyacule en la boca de la mujer. Algunas mujeres beben esta poción ávidamente; los científicos afirman que es limpia e inocua y la antigua creencia afirma que es beneficiosa. Sin embargo, a algunas mujeres no les gusta, en cuyo caso pueden contener el fluido en su boca y escupirlo. Otra posibilidad es que el hombre haga una señal a la mujer para indicarle que está en el límite.

CAPÍTULO 13

En resumen

Este libro sobre reflexología sexual es en realidad una obra sobre la energía, sobre la forma más básica y poderosa de energía humana, la energía sexual. De no ser por la energía sexual, ninguno de nosotros estaríamos aquí. No habría que escribir el libro y tampoco habría nadie para leerlo. La energía sexual, la unión primordial de las fuerzas yin y yang, mueve el universo; sin embargo, la mayoría de la gente se acerca a ella sin mucha comprensión. Produce éxtasis y profunda alegría, pero también puede producir mucha pena y dolor cuando se carece del conocimiento necesario. Puede curar nuestro cuerpo y también puede producir malestar, confusión y enfermedad.

El estudio de la reflexología sexual nos permite entender la energía sexual desde un punto de vista y un nivel completamente nuevos... Pero, ¿dónde ir a partir de aquí? ¿Qué es lo que sabes ahora? ¡*Nada!* Ése es el camino. Ése es el Tao. Es posible que ahora te sientas confuso, pero cuando empieces a practicar algunos de los conceptos y ejercicios de este libro empezarán a tener sentido para ti. Descubrirás el no hacer o el hacer nada (lo que los taoístas llaman *wu wei*), que puede traducirse como «acción sin esfuerzo», «correcta acción» o, simplemente, «seguir el flujo». La acción correcta *(wu wei)* es el abandono de tu voluntad personal de actuar. Cuando te abandonas, la energía sexual (chi) fluye a través de ti y finalmente, practicando las fórmulas (acción correcta), conectarás con esa energía y te unificarás con ella. Y eso es el Tao. La información presentada en este libro puede ser estudiada y comprendida por nuestra mente, pero sólo cuando estos conceptos adquieren vida en nuestro cuerpo empezamos a comprenderlos verdaderamente.

El Tao dice que existen tres caminos hacia la iluminación: el primero de ellos es la oración y el culto (este camino te permite alcanzar el Tao, pero no sabrás cuándo, cómo ni por qué); el segundo camino es el de la acción correcta y el servicio, pero, una vez más, no sabrás cómo ni por qué. El tercer camino es el camino del Tao, el camino del conocimiento y de la sabiduría. Sabes cuándo, cómo y por qué porque participas en un proceso alquímico a nivel molecular que opera a partir de la forma más elevada de energía (la energía sexual) corporal; esto te irá quedando claro a medida que practiques. Sabrás cuándo ser duro y cuándo ser suave. Esto es sabiduría, esto es el Tao.

Te damos las gracias por tu tiempo y atención. Confiamos en que a partir de ahora empezarás a ver tu experiencia sexual con un poco más de claridad, empezarás a entenderla un poco más e irás incorporando estas prácticas a tu vida, un proceso que puede requerir muchos años. En realidad, es el trabajo de toda una vida. De modo que juega con estos nuevos conceptos, con estas nuevas posiciones, con estas nuevas actitudes y comprensiones, pero sé paciente contigo mismo y no te exijas demasiado. No hay un modo correcto o equivocado de entrar en contacto con tu energía sexual personal. Lo que se requiere es tiempo, paciencia, humor y amor. Esperamos que tomes estas cualidades y las lleves a tu práctica sexual, junto con la información que hemos presentado, para que puedas disfrutar de una nueva manera de relacionarte contigo mismo y con tus compañeros o compañeras sexuales, que te traerá muchos años de paz y alegría.

Fig. 13.1. *Paciencia, humor y amor.*

Secretos sexuales que todo hombre debería conocer

Cualquier hombre puede experimentar orgasmos múltiples e incrementar espectacularmente su capacidad sexual con sólo aprender unas simples técnicas.

Y lo mejor de todo:

EL HOMBRE MULTIORGÁSMICO

revela los secretos que te permitirán tener el mejor sexo de tu vida.

DESPIERTA LA LUZ CURATIVA *(Vídeo)*

Este vídeo te traslada directamente a los talleres que el maestro taoísta Mantak Chia imparte en el Healing Tao Center, y permite obtener la misma instrucción que reciben los estudiantes y discípulos que asisten en vivo a las enseñanzas del maestro.

Teoría y práctica de la energía curativa según las enseñanzas taoístas

MANTAK CHIA & MANEEWAN CHIA
Libro + 2 vídeos. Duración: 3 h. 30 minutos aprox.

Conjunto de dos vídeos que contienen completas y detalladas instrucciones para la práctica de la meditación orbital microcósmica, en la cual se fundamentan las más elevadas meditaciones y prácticas taoístas. Siguiendo estas sencillas meditaciones guiadas, experimentarás la circulación de la luz curativa (tu fuerza vital o chi) en su ascenso por tu columna vertebral y en su descenso por la parte anterior de tu cuerpo.

Secretos Sexuales
Que Toda Pareja Debería conocer

LA
Cómo Pueden las Parejas
PAREJA
Incrementar Espectacularmente
MULTI-
su Placer y Capacidad Sexual
ORGÁSMICA

Mantak Chia y Maneewan Chia
Douglas Abrams y Rachel Carlton Abrams

Cómo incrementar espectacularmente
el placer, la intimidad y la capacidad sexual

Todo hombre, toda mujer y toda pareja pueden ser multiorgásmicos.

Una manera formidable de incrementar el placer sexual y sensual.

Siguiendo las sugerencias de este libro, hombre y mujeres aprenderán a

potenciar su vida y su salud, tanto solos como en pareja

Si deseas recibir información gratuita
sobre nuestras novedades

- Llámanos

o

- Manda un fax

o

- Manda un e-mail

o

- Escribe

o

- Recorta y envía esta página a:

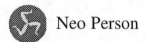 Neo Person

C/ Alquimia, 6
28933 Móstoles (Madrid)
Tel.: 91 617 08 67 - Fax: 91 617 97 14
E-mail: contactos@alfaomega.es - www.alfaomega.es

Nombre: ....

Primer apellido: ....

Segundo apellido: ....

Domicilio: ....

Código Postal: ....

Población: ....

País: ....

Teléfono: ....

Fax: ....

Reflexología sexual